나는 불온한 선비다

001
틈 새
한국사

나는
불온한
선비다

세상과 다른 꿈을 꾼
조선의 사상가들

이종호 지음

역사의아침

이 책에는 모두 아홉 명의 조선시대 사상가들이 나온다. 김시습, 서경덕, 박세당, 정제두, 이익, 유수원, 홍대용, 이벽, 최한기가 그들이다. 언뜻 보아도 주자학 위주의 조선시대 사상사에서는 좀 비켜서 있는 인물들임을 알 수 있다. 예외적인 면이 있고, 소수 그룹에 속하는 사람들이라고 할 수 있는 셈이다.

이들이 비주류의 사상가들이라고 하여 이제까지 전혀 연구가 없었던 것은 물론 아니다. 이런저런 시각과 주제로 이들을 다룬 책들은 적지 않은 편이다. 그러나 비주류라는 범주로 이들을 묶어 출간한 책은 별로 눈에 띄지 않는다. 이 책은 그런 점에서 일단은 관심이 필요하다고 생각한다. 이들 중에는 김시습처럼 일반인들에게도 그 생애가 비교적 잘 알려진 인물도 있다. 그러나 대부분은 그렇지 못한 편이고, 사상의 면에서는 더욱 그 내용이 잘 알려져 있는 편이 아니다. 우리들이 사는 21세기의 오늘과도 무관할 수 없는 사상이지만 사정은 이러하다.

나는 이들의 생애나 사상을 서술하면서 가능한 한 기존의 정형화된 틀을 벗어나고자 했다. 생애 부분에서 단순히 출생과 그 행적을 서술하는 방식을 벗어나 때로 사소해 보이는 어떤 사실을 기초로 언급한 것 등이 그에 해당한다. 이익의 생애를 서술하면서 서두에 그의 시로 시작한 것이 그런 예에 속한다. 사상에서도 그 내용의 서술을 넘어 현대사회에서 가질 수 있는 의미를 구체적으로 살펴보고자 했다. 서경덕의 이기사상으로 현대의 민주주의와 시장경제를 어떻게 볼 수 있는지, 박세당의 반골적 사상에서는 민주주의를 또 어떻게 볼 수 있는지 등의 입장에서 보고자 했다. 더불어 그들의 생애나 사상을 서양의 다른 사상가들과 비교함으로써 좀더 폭 넓은 이해를 제공하고자 노력했다. 그들의 사상에서 발견되는 한계도 때로는 언급하고 있다.

분야로 따지면 이들 대부분은 한국철학사에서 다루는 인물들이다. 그러나 그들의 사상에서는 경제와 정치에 관한 내용들도 적지 않다. 설령 철학이라 하더라도 정치, 경제 부분으로 영역을 넓혀 그 내용을 음미해볼 수 있는 것이 없지 않다. 이 때문에 이들의 정치 및 경제사상을 할 수 있는 한 찾아보고 철학을 그와 연계해보고자 노력도 했다.

어떻게 보면 여기에 나오는 아홉 명의 인물들은 고생길의 '좁은 문'으로 간 사람들이다. 넓은 문으로 갔을 때 얻을 기대이익을 도외시한 예외자들인 셈이다. 그러나 예외적인 길을 가는 사람들이 있고서야 우리 인류에게 많은 희망과 진전이 있는 것도 사실이 아닐까? 새로운 발견과 창조도 거기에서 나온다. 하버드 대학교의 빛나는 학력을 중도에 버리고 IT산업의 선구자가 된 빌 게이츠, 갈릴레이를 비롯한 자연과학의 수많은 천재들, 학문으로 세계를 바꾸려던 카를 마르크스, 시 아닌 시를 쓴다고 비난을 받던 이상, 자기만의 특이한 화법으로 미술사에서 불멸의 위치를 점하고 있는 반 고흐 등 그 사실을 예증하는 인물들은 얼마든지 있다. 우리가 여기에 등장하는 아홉의 인물들에 특별한 관심을 가질 이유는 그런 것에도 있다고 본다.

우리의 시대는 지금 어디에서 어떤 모습을 하고 있는가? 그 안에서 우리는 어떻게 살고 있는가? 또 어떻게 살아야 하는가? 모든 사람들의 화두일 수 있는 이런 질문 앞에서 우리는 과감해야 한다. 값진 인생도 거기에서 얻어질 수 있다고 본다. 이 책에 나오는 아홉의 인물들이 그에 대한 용기와 의지를 독자들에게 심어줄 수 있다면 저자는 더 바랄 것이 없다. 끝으로 책이 출판되기까지 노고를 아끼지 않으신 여러 분, 그리고 이 책을 선택해주실 독자들에게도 감사의 말씀을 미리 전한다.

2011년 4월
이종호

차례

1장

공명과 지조
사이에서
고뇌한 '광인'

김시습

오세신동

김시습金時習(1435~93)에 대하여는 당대에 상반된 두 가지의 평가가 있었다. '신세 망친 인간'이라는 평가가 그 하나이고 '지조를 지키며 사는 사람'이라는 평가가 다른 하나다. 전자가 주로 일상적인 삶을 중시하는 평범한 사람들에 의한 평가라면 후자는 머리에 지식을 담고 세상을 보는 사람들에 의한 평가다. 후자의 그들에게 김시습은 왕위를 찬탈당한 단종에 대해 평생 충성과 지조를 지키며 산 참으로 흔치 않았던 사람인 셈이다. 그러나 이러한 칭송이 그에게 얼마나 위로가 될 수 있을까?

공명과 절의 모두 내 바란 일인데[功名節義皆吾事]

이 구절은 「옥루탄屋漏歎」(비 새는 집을 탄식함)이라는 그의 자작시 마지막 연聯이다. 이 부분처럼 김시습은 공을 이루어 세상에 이름을 떨치는 사람이 되고 싶었던 게 분명하다. 또한 한 점 부끄러움 없는 절의를 지키는 일도 그가 바라는 바였다. 그러나 왕(단종)이 갑자기 삼촌(수양대군)에 의한 쿠데타로 쫓겨나면서 정통의 정치질서는 무너졌다. 이러한 시대 상황에서 출세는 그가 바라는 바가 아니었다. 절의를 무엇보다 지켜야만 했으리라. 그런 까닭으로 공명功名의 세계를 등지고 살지만, 출세욕 또한 있던 그로서는 '한'이 없을 수 없다. '두 가지를 모두 이루고 싶었는데, 그렇지 못하게 되었구나!' 비가 새는 집에 누워 과거를 회상하면서도 집요하게 마음을 붙드는 생각은 그런 것이었다. 그는 지금 부귀공명과는 먼 곳에서 살고 있다. 왜 이렇게 되었는가? 여기에서 김시습에 관한 몇 가지의 인적사항과 함께 21세까지의 이력을 간단히 소개하고 다음 얘기로 넘어가 보자.

김시습의 출생지는 서울이며, 본관은 신라 왕족인 주원周元을 시조로 하는 강릉이다. 증조부인 김윤주金允柱가 안주목사를 지낸 것 외에는 조부 겸간謙侃(종6품 무관직인 오위부장五衛部將 역임), 부친 일성日省(조상의 덕으로 충순위忠順衛를 지냄)에 이르기까지 크게 드러난 것이 없는 집안이었다. 그리고 어머니는 장張씨다.

그의 자字는 열경悅卿이며, 호號는 매월당梅月堂, 동봉東峰, 청한자淸寒子, 췌세옹贅世翁 등이다. 3세에 시를 짓고, 『대학大學』등 경전의 뜻을 아는 등 천재성이 드러나 5세에는 궁궐로 들어가 세종世宗에게 장래에 크게 쓰겠노라는 전지를 받았다고 한다. 이후 13세에 이르기까지 성균관 대사성 김반金泮 등의 문하에서 『논어論語』, 『맹자孟子』, 『시경詩經』, 『서경書經』, 『춘추春秋』및 『역경易經』, 『예기禮記』를 배우고 독학으로 중국 고대의 제자백가도 공부했다. 15세에 모친이 별세해 외숙모가 그를 돌보았다. 18세에는 불교를 접했다. 20세가 되기까지, 외숙모가 사망했고 부친의 재혼과 김시습 자신의 결혼(배우자는 훈련원 도정인 남효례南孝禮의 딸)이 있었다. 수양대군의 왕위찬탈이 일어난 21세(1455)에는 북한산의 중흥사重興寺에서 과거시험 공부를 하고 있었다.

운명의 21세, 산, 그리고 눈물

김시습이 스물하나가 되던 1455년은 그야말로 운명의 해다. 중흥사에서 공부하던 그는 수양대군이 단종에게서 왕위를 물려받았다는 소식을 듣자 3일간 방문을 닫고 지낸다. 분노와 슬픔이

金梅月堂時習

김시습 초상 | 그의 기행과 오기로 가득 찬 행동은 어쩌면 '원한 것과 어긋
나게 된 자신'에 대한 슬픔, 그리고 자신의 뜻과 다른 세상에 퍼붓는 조롱
등이 공존한 것일지도 모른다.

뒤섞인 통곡 소리가 주야로 그의 방에서 터져 나왔다. 3일 후에는 그동안 공부하던 책과 써놓은 원고들을 마당으로 가지고 나와 모두 불태웠다. 별나게 보일 수도 있는 그의 행동은 여기에 그치지 않았다. 새로운 삶을 위한 의식이라도 치르듯 산사의 화장실에 들어가 분뇨 속에 몸을 푹 담갔다가 이내 사라져버린 것이다.

만滿으로 치면 스물이 채 되었을까 할 나이에 그런 행동을 할 수 있었던 것에는 역시 '김시습'다운 면모가 있다고 할 수 있다. 남다른 충절이 없고, 별스런 개성이 없다면 할 수 없는 행동들이었을 것이다. 여기에다 피가 끓는 젊음도 한몫했으리라. 1953년에 사망한 웨일즈 출신의 영국 시인 딜런 토머스Dylan Thomas가 노래한 것처럼, 젊은 김시습에게는 "푸른 도화관 속으로 꽃들을 몰아가는 힘the force that through the green fuse drives flower"이 작용하고 있었다. 불의를 참지 못하고 행동에 옮길 수 있는 젊음이 그렇게 시킨 것이다(장하다고 박수를 칠 독자가 있다면 쳐도 좋겠다).

이후 그의 생애에서 산과 눈물은 중요한 특징으로 자리 잡는다. 속세를 등지는 장소부터가 산(북한산)이다. 그리고 펑펑 눈물을 쏟은 채 그 산을 떠난다. 하산 후 달려간 곳도 설악산에 있는 오세암五歲庵이었으니 역시 산으로 간 셈이다. 그곳에서 삭발을

하고 설잠雪岑이라는 법명을 받으면서 눈물 많은 그가 민숭민숭
하게 있었을 것 같지는 않다. 남 몰래 또 울지 않았을까? 법명인
'설잠'의 '잠'에도 산山이 들어가 있는 것이 눈길을 끈다.

다음에 그가 간 곳도 산이다. 철원에 있는 복계산으로 간 것
이다. 이곳에서 그는 병조판서를 지낸 박계손朴季孫(1428~94),
집현전 학사 출신으로 부제학을 역임한 조상치曹尙治(?~?) 등 단
종의 복위를 꿈꾸는 사람들과 함께 생활한다. 무너진 정통의 왕
권질서를 다시 일으켜 세우겠다는 생각을 한 듯하다. 그러나
1457년(세조 3)에 노산군魯山君으로 강등된 단종이 영월의 유배
지에서 시해를 당하자, 복계산에서의 생활은 끝이 난다.

산을 내려온 이후 그는 전국을 유랑하는데 여기서도 산은 떠
날 리가 없다. 산이 많은 땅인 데다 승려의 신분이라 대개 절을
숙소로 삼아 다니는 길이니 그럴 수밖에 없다. 묘향산, 금강산,
변산 등 이어지는 산에 질릴 만도 할 텐데 그에게는 싫증이라는
것이 전혀 보이지 않는다. 생활의 근거도 당연히 주로 산이 될
수밖에 없다. 스물여덟에 유랑을 끝낸 그는 경주의 남산(일명 금
오산)에 있는 용장사茸長寺에서 약 9년을 지낸다. 이곳에서 소설
『금오신화金鰲新話』를 지은 그는 달을 벗 삼고 매화를 많이 심으
면서 자신의 호를 매월당梅月堂으로 짓기도 했다.

다른 곳에서도 그랬지만, 김시습은 이곳에서 참으로 울기도

많이 한다. 아침마다 예불을 드리면서 쏟아내는 그것은 눈물이었다. 세상에 나가서 공명을 누리고 싶은데 그렇게 할 수 없게 된 자신의 처지가 서러워 우는 것이다. 훗날 연산군燕山君 때 대사헌을 지낸 양희지梁熙止가 성종成宗 초년에 용장사에서 공부를 하다가 그의 속마음을 알아차리고 권유했다. "지금 주상께서는 지혜가 밝고 선善을 좋아하시는 데다 선비를 사랑하시니 열경 선생님 같은 분이 나가시면 벼슬을 할 수 있을 것입니다."

김시습은 이에 고마움을 표시하면서 이렇게 말했다. "할 만하면 힘을 쓰겠지만, 광인狂人이 어찌 벼슬을 하겠습니까?" 자신이 생각해도 별스런 행동을 많이 하고 살아온 까닭에 광인을 자처하며 하는 말이었다.

하지만 양희지의 말은 그의 마음을 움직이는 바가 있었던 것 같다. 관직에 마음을 두고 서른일곱(1471)에 기어코 서울로 간다. 늦게나마 포부를 펴고 싶은 생각에 유학의 경전을 되새기며 치국의 방도를 다듬어보기도 했지만, 현실은 그의 생각 같지가 않았다. 그래서 도성의 동쪽에 있는 수락산에 거처를 정하고 주저앉는다.

이곳에서도 눈물은 그를 떠나지 않는다. 제자인 선행善行이 읽어주는 「이소離騷」를 들을 때면 그는 처음부터 눈물을 쏟아냈다. 중국 전국시대의 초楚나라 신하이던 굴원屈原이 읊은 이 비극적 시를 그는 눈물 없이 들을 수 없었다. 어지러운 세태 속에서 고고한 자세를 지키며 살려는 태도나 나라에 대한 충절 등, 「이소」를 읊으며 죽어간 굴원의 모습은 누가 보나 김시습과 유사한 점이 많았다. 김시습이 울다 못해 흐느끼기까지 한 것도 무리는 아니다.

마흔일곱에 환속을 하고 안씨 성을 가진 여인을 배필로 삼아 평범한 행복을 구해보지만 실패로 끝난다. 바라던 아들은 얻지 못한 채 결혼 생활 2년여 만에 아내가 세상을 떠난 것이다.

슬픔을 안고 마흔아홉에 다시 '중'이 되어 이번에는 양양 일원의 설악산에 터를 잡는다. 동해안도 가끔 떠돌면서 양양부사 유자한柳自漢의 호의로 심심치 않은 세월을 보내기도 한다. 이 때 유자한의 주선으로 다시 한 여자와의 혼담도 있었으나 서로 뜻이 맞지 않아 없던 일이 되고 만다.

쉰일곱이 되던 해에 충남 부여에 있는 무량사無量寺로 들어간다. 이 절은 산중에 있지 않지만, 만수산 자락에 의지하고 있으니 김시습은 여전히 산을 떠나지 않은 셈이다. 이곳에서 2년 후에는 마침내 생을 마친다.

니체F. Nietzsche의 『차라투스트라는 이렇게 말했다*Also Sparch Zarathustra*』에서 주인공 차라투스트라는 서른에 산을 찾아, 마흔에 하산의 기회를 갖는다. 동양식으로 말하면 10년간의 노력

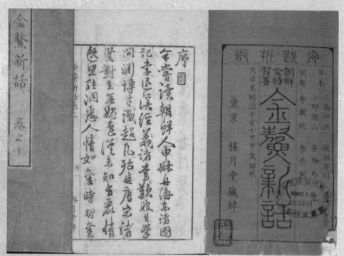

「금오신화」 | 28세에 경주 남산(금오산)의 용장사에 정착한 김시습은 이후 9년 동안 이곳에서 기거했다. 그의 「금오신화」는 이곳에서 탄생했다.

끝에 득도得道하여 세상으로 내려와 많은 사람들을 깨우치는 일에 나선 것이다. 그러나 우리의 주인공 김시습은 그런 행복을 끝내 누리지 못한다. 산 아래에 펼쳐진 도시, 그곳을 진원지로 하는 이념과 체제의 본부에 앉아 세상의 경영에 참여하는 바람도 누려보지 못한다.

기행, 그리고 오기

기이해 보이는 행동도 김시습의 면모를 설명할 수 있는 요소들 중 하나다. 바라던 출세를 하지 못하고, 세상을 가르치는 정신적 지도자로서의 역할도 어렵게 된 상태에서 기행奇行은 그가 찾을 수 있는 유일의 탈출구였을 것이다. 중흥사에서 화장실에 빠졌다가 사라진 행동부터가 보통 사람의 그것과 거리가 멀다. 그럴 수밖에 없었던 무슨 이유 이전에, 그는 기행을 일삼을 천부의 가능성을 보여준 것이 아닌가 싶다.

그가 수락산에서 살 때 그의 명성을 듣고 배우러 오는 양반가의 자제들이 몇 명 있었다. 그들에게 정성껏 글을 가르치는 것이 당연했겠으나, 김시습은 달랐다. 그들이 해보지 않았을 밭일을 시키거나 때로는 엉뚱한 적의를 보이기도 했다. 돌을 집어 그들을 치려고 하거나 활을 들어 그들을 쏘려고 하는 일도 있었

무량사 | 57세가 되던 해, 충남 부여에 있는 무량사로 들어간 김시습은 2년 후인 1493년, 이곳에서 '입적'했다.

던 것이다. 아이들은 영문을 모른 채 그의 곁을 떠날 수밖에 없었다.

김시습은 목각 공예에 취미가 있었다. 주로 농부의 형상을 만들었는데, 종종 책상 위에 그것들을 죽 늘어놓고 물끄러미 바라보고는 했다. 몇 시간도 아니고 때로는 하루 종일 그렇게 지냈다. 그러다가 갑자기 엉엉 울면서 그것들을 마당에 내던지고 불태우기도 했다.

가을! 누렇게 익어가는 벼에 휘영청 달 밝은 밤! 시적인 풍경이지만 이럴 때 술이라도 취하면 김시습은 아주 비정한 사내로 변했다. 논 한가운데로 들어가 그 소중한 벼! 자신의 노동으로 키운 그 예비 양식들을 사정없이 모두 베어버리는 것이다. 그리고 끝없는 울음을 쏟아냈다.

도성 안에 들러서도 그의 기행은 멈추지 않았다. 번화한 거리에서 문득 한 곳을 바라보며 몇 시간이고 그 자리에 붙박여 있기도 했다. 길거리에서 소변을 보는 일은 예사였다.

이런 김시습을 온전하게 볼 사람이 세상에 있을 리 없다. 특히 아이들이 그러해서 그에게 돌을 던지거나 놀리며 따라오는 경우가 종종 있었다. 이럴 때면 김시습은 무슨 즐거운 일이라도 생긴 듯 그들과 손을 잡은 채 땅을 뒹굴며 같이 웃었다.

수양대군의 쿠데타에 참여해 부귀영화를 누리며 사는 자들을

그는 아주 미워했다. 늙은 한명회韓明澮(1415~87)가 지금의 압구
정 근처 한강변에 정자를 한 채 지어 놓고 한가로이 지낼 때였
다. 김시습이 지나다 보니 정자에 시 한 수가 걸려 있는데 그 내
용은 이러했다.

젊어서는 나라를 붙들고[靑春扶社稷]
늙어서는 강호에 누워 있네[白首臥江湖]

이 시의 작자가 한명회임을 알게 된 김시습은 끓어오르는 분
노를 도저히 참을 수 없어 붓을 꺼내 몇 글자를 고쳤다. 부扶를
위危로, 와臥를 오汚로 고치고 보니 시는 '젊어서는 나라를 위
태롭게 만들고 늙어서는 강호를 더럽히고 있네'로 되었다. 후에
한명회는 이를 알고 펄펄 뛰었지만, 광인처럼 사는 김시습을 어
쩌지는 못했다.

정창손鄭昌孫(1402~87)도 김시습의 행패를 고스란히 받아들였
다. 그는 사위인 김질金礩(1433~93)을 데리고 세조世祖 앞에 나아
가 사육신의 단종 복위 계획을 고자질했던 장본인이다. 그 공으
로 이후 영의정을 지내며 승승장구하고 있는 중이었다. 이러한
정창손이 어느 날 앞뒤로 수행원들을 거느리고 길을 지나는 것
을 보자 김시습에게는 하늘을 찌를 듯한 분노가 타올랐다.

"너 이놈, 이제 그만두어야 한다." 당당한 태도로 행렬의 앞을 막아서며 큰 소리로 외쳤다. 모든 행인들이 놀라 돌아보았다. 놀란 수행원들은 이 괴상한 '중'을 붙잡아 경을 칠 태세였다. 하지만 정창손은 말렸다. 그리고는 눈짓을 하며 서둘러 자리를 피해갈 뿐이었다. '그만 두어라. 똥이 무서워서 피하냐, 더러워서 피하는 것이지.' 정창손은 애써 그런 말을 입속으로 뇌었겠지만, 그것은 권력이 사람 사는 것의 전부가 아님을 보여주는 광경이었다.

서거정徐居正(1420~88)은 김시습이 평생 가까이하며 지내던 인물이다. 두 사람은 도성 안에 있던 김시습의 셋집에서 만나 얘기를 나누는 경우가 종종 있었다. 정부 고관인 서거정이 일개 '중'을 찾아 그의 거처에서 함께 지낸다는 것만도 사람들의 눈길을 끌 만한 일이다. 그러나 사람들을 더욱 놀라게 한 것은 이런 때 보이는 김시습의 행동이었다. 나이도 훨씬 많은 데다 고관인 서거정이 앉아서 얘기를 하는데 그는 벌렁 누운 채 벽에 다리를 뻗은 자세로 발장난을 하는 것이다.

그의 기행과 오기傲氣로 가득 찬 행동에 긴 설명을 붙이는 것은 부질없어 보인다. 요컨대 김시습의 기행들에는 원하던 것과 어긋나게 된 자신에 대한 슬픔, 그리고 뜻 같지 않은 세상에 퍼붓는 조롱 등이 공존했던 것이 아닌가 한다.

문학과 철학

김시습은 문학과 철학 면에서 많은 자취를 남겼다. 분실된 것도 있다지만, 그래도 제법 많은 분량의 그가 쓴 시가 전한다. 김시습은 중국 동진東晉의 시인인 도연명陶淵明을 좋아해 '그의 시에 답'하는 이른바 「화도시和陶詩」도 66편이나 남겼다. 세속에 얽매이는 것을 싫어하고, 가난하지만 아부할 줄 모르며, 전원에 묻혀 술을 즐기며 살아간 도연명의 생애는 굴원만큼 김시습과 참으로 비슷하다. 시풍 못지않게 생활의 취향에서도 김시습은 4세기와 5세기에 걸쳐 산 이 중국 시인이 마음에 들었던 게 분명하다.

시 짓는 일이 없다면 사는 재미가 없다고 말할 정도로 김시습은 시에 심취했다. 그는 「학시學詩」(시를 배운다는 의미)라는 시를 지어 일종의 시론을 남기기도 했다. 두 수가 전하는데 그 첫 시에서는 이런 내용이 나온다.

객이 시를 배울 수 있느냐기에[客言詩可學]
말로는 전할 수 없노라고 했네[余對不能傳]
다만 그 묘한 곳을 볼지니[但看其妙處]
소리 나는 연은 묻지를 마소[莫問有聲聯]
산 고요하고 구름이 들에 걷히는데[山靜雲收野]

강물 맑고 달은 하늘로 오르는구나[江澄月上天]
이런 때 만약 좋은 시를 얻으면[此時如得旬]
시구 속의 신선인 나를 찾게나[探我句中仙]

시는 말로 전해서 배울 수 있는 것이 아니며, 요컨대 감흥 속에서 물아일체의 경지를 이루는 것이라 말하고 있는 듯하다. 두 번째 시에서는 시를 짓는 법을 차가운 샘물에 비유하면서 이렇게 노래한다.

돌에 부딪히면 수없이 흐느끼나[觸石多鳴咽]
못을 채우면 조용할 뿐 떠들지 않네[盈潭靜不喧]

시에는 감흥을 강하게 표출하면서도 그것을 자제하는 굴곡이 있어야 한다는 말로 들린다. 그는 이어 결론처럼 다음과 같이 노래하는 것도 잊지 않는다.

평범한 격조는 끊어버릴 것이나[勦斷尋常格]
들어가는 문은 쉽게 말할 수 없네[玄關未易言]

누구나 할 수 있는 평범한 말, 그 속에 담긴 진부한 시상은 버리라는 의미가 아닐까. 사람들이 좀처럼 생각하기 어려운 경지의 이미지를 만들라는 뜻일 것이다. 그러나 그러한 경지에 들어가는 현관은 쉽게 말할 수 있는 게 아니라고 했다. 정리된 시상詩想과 꾸준한 습작이 필요하다는 말인 듯하다.

그가 지은 『금오신화』도 높은 평가를 받고 있다. 오늘날의 단편소설집과 같은 이 책에는 「만복사저포기萬福寺樗蒲記」, 「이생규장전李生窺墻傳」, 「취유부벽정기醉遊浮碧亭記」, 「남염부주지南炎浮洲志」, 「용궁부연록龍宮赴宴錄」이라는 다섯 편의 이야기가 실려 있다. 앞의 세 편은 남녀 간의 사랑 이야기이고, 뒤의 두 편은 지옥과 용궁이라는 가상의 세계를 배경으로 하는 이야기다. 이 글들에는 마치 시인인 자신의 면모를 과시하려는 듯 많은 시가 수록되어 있는데 성리학의 이기론과 민본주의의 정치 사상 등도 들어 있는 점이 눈에 뜨인다.

또한 김시습은 유학, 불교, 도가사상에 대해 자신의 견해를 밝히는 글들을 남겨 놓았다. 유학에 관한 글로는 「성리性理」, 「덕행의德行義」, 「복기服氣」, 「신귀설神鬼說」, 「생사설生死說」, 「역설易說」, 「태극설太極說」, 「계인설契仁說」 등이 있다.

그는 유학의 근본 개념이라고 할 수 있는 '인仁'을 가리켜 "천지생물의 마음이자 인간인 내가 덕으로 삼는 것"이라는 말을 한다. '인'이 타인에 대한 사랑 내지 인간을 인간답게 대우하는 것

으로 생각다면 그것을 덕으로 삼는다는 김시습의 말은 이해할
수 있다. 하지만 '인'을 천지생물의 마음이라고 말하는 것은 얼
른 이해하기가 어렵다. 아마 천지자연의 협화적 질서를 염두에
두고 한 말이 아닐까 하는 생각을 해본다. 인간과 천지자연이
서로 감응한다는 이른바 천인상감설天人相感說을 받아들이고 있
던 그였기에 이런 말도 할 수 있었을 것이다.

그는 「명도정선생서明道程先生序」에서 중국 송 대의 성리학자
인 정명도程明道(이름은 '호顯'이고 '명도'는 그의 아호)가 유학의 정
통을 다시 살렸다고 찬양한다. 정명도가 성리학 분야에서 이룩
한 학문적 공로를 높이 평가하는 얘기일 것이다. 당대의 성리학
자들 대부분이 명도보다 그의 아우인 정이천程伊川(이름은 '이頤'
이고 '이천'은 그의 아호임)을 더 높이는 것과는 다른 입장이다.

신유학이라고도 하며 주자朱子에 이르러 완성을 본 성리학은
'이理'(원리, 본질, 정신 등 여러 의미를 가짐)와 '기氣'(현상, 물질 등의 의
미를 가짐)를 양 개념으로 하여 우주와 인간의 도덕성에 대해 연
구를하는 학문이다. 공맹의 유학을 이어받아 그것을 철학적으
로 더욱 심화시킨 셈이다.

김시습의 이기론을 보면 개개의 현상만을 인정하는 기일원론
자氣一元論者 같기도 하고, 보편과 현상을 다 함께 보는 소위 이
기이원론자理氣二元論者 같기도 하다. 「태극설」에서 "(만물의 근원

인) 태극이 곧 (기인) 음양"이라고 한 것을 보면 그는 기일원론자로 보인다. '이'가 있다면 그 안에 있는 것일 뿐 독립적인 역할을 하는 것으로 보기 어렵게 된다.

그러나 「신귀설」에서는 기후의 춥고 더움, 해와 달이 교대로 밝은 것, 낮과 밤이 바뀌는 등의 이치를 두고 이는 '이'가 그 현상에 작용하기 때문이라고 본다. 자연의 온갖 현상에 그렇게 만드는 원리가 있다는 의미다. 이렇게 보면 '이'가 독립적으로 존재하면서 '기'를 주재主宰하는 것으로 볼 수 있다. 오늘날 학자들 간에 그의 이기론을 두고 기일원론이네 혹은 이기이원론이네 하고 논쟁이 분분한 것도 이 때문이다. 김시습은 앞뒤가 맞지 않는 이기론을 남겨 놓은 셈이다.

그는 기일원론을 주장하는 입장에서 체일이분수설體一而分殊說을 내놓기도 했다. '체일'이란 우주 전체가 하나의 '기'로 되어 있음을 의미하고, '분수'란 그에서 파생한 만물의 '기'를 가리킨다. 체일이 없으면 분수가 없고, 분수는 그 기능이 끝났을 때 다시 체일로 돌아간다고 김시습은 생각한 것이다. 이것은 뒤에 보게 될 화담 서경덕의 '선천기先天氣-후천기後天氣'와 논지가 같다고 할 수 있는데, 김시습은 '체일'과 '분수'의 '기'가 서로 감응관계에 있다고 본다. 그래서 예컨대 나의 '기'가 순하면 천지의 '기'도 순하게 된다는 말을 하는 것이다.

천지는 인간이 영원히 살아야 할 집이다. 과학으로의 실증은 어렵겠지만, 김시습의 이러한 주장이 의미하는 바는 결코 쉽게 지나칠 수 있는 것이 아닌 듯하다. 각자가 양심에 순하는 마음, 서로 간에 조화로운 마음을 가질 수 있을 때 우리의 집인 천지도 그렇게 될 수 있다는 말이니 좋지 않은가.

이밖에 「성리」와 「덕행의」에서는 성리학의 정통에 따라 '성'을 '이'로 보면서 성정론性情論을 언급한다. '성', 즉 품성에서 나오는 감정의 알맞고 조화로움을 위해 뜻[意]을 성실하게 가질 것도 권유한다. 여기서 감정은 곧 '기'인데, 그는 「복기」에서 '지[意志]'가 '기'의 발동에 중요하다고 보아 "지는 기의 장수[志氣之帥也]"라는 말까지 하고 있다. 그런데 이 말은 그를 존경했던 후대의 이이李珥(1536~84)가 『성학집요聖學輯要』에서 한 말인 "지자 기지사야志者氣之帥也"와 뜻은 물론 표현까지 거의 같다. 조선시대 지식인들의 마음을 다스리는 생각이 어떤 것인가를 보여주는 것이라 할 수 있다.

김시습의 불교에 대한 사상은 「십현담요해十玄談要解」, 「묘법연화경별찬妙法蓮華經別讚」, 「대화엄일승법계도주大華嚴一乘法界圖註」, 「화엄석제華嚴釋題」에 나와 있다.

「십현담요해」는 중국 5대五代시대(당나라 멸망 후, 후량, 후당, 후진, 후한, 후주의 다섯 나라가 존립했던 시대)의 동안상찰洞安常察이라는 승려가 지은 「십현담」의 요점을 풀이한 글이다. 글의 제목에서 알 수 있듯이 이 글은 열 가지의 현묘한 담론이라고 할 수 있는데, 심인心印(마음), 일색一色(하나의 물질적 현상) 등 열 가지 항목의 논의를 펼치고 있다. 김시습은 이 글에서 원문과 함께 역시 중국 승려인 청량법안문익淸凉法眼文益의 해설과 자신의 견해를 곁들이고 있다. 그는 여기서 자신의 법명인 설잠 대신 자인 열경을 쓰고 있는데 이유는 무엇일까? 아마도 승려의 입장보다 세속인으로서 이 문제에 접근해보겠다는 그의 의지의 표현인 듯하다. 그렇게 이해를 한다면, 김시습은 고승 청량의 해설보다는 현실 생활에 좀더 친근한 비유로 「십현담」의 원문을 풀이하고 있음을 알 수 있다.

「묘법연화경별찬」은 흔히 「법화경」으로 부르는 「묘법연화경」을 풀이한 글이다. 내용을 설명하면서 선가禪家에서 흔히 하는 식으로 게송偈頌을 곁들이고 있는 점이 특이하다. 「대화엄일승법계도주」와 「화엄석제」는 글의 제목에서 나타난 대로 모두 화엄사상과 관련된 글들이다. 전자는 신라의 의상대사가 화엄사상을 간략한 도표 형식으로 나타낸 「화엄일승법계도」를 해설한 글이다. 그리고 후자는 화엄을 해석한 글인데, 내용이 비교적 평이하고, 선문답도 종종 보인다.

불교에 관한 김시습의 글들은 선교禪敎(참선과 교리 공부)를 함께 중시하는 오늘날의 한국 불교의 입장에서 보면 매우 요긴한 글들이라고 할 수 있다. 그러나 역설적으로 그는 불교에 대해 상당히 부정적인 견해를 가지고 있었다. 인연과 업보에 대한 설은 '교묘하게 꾸미는 말'이라 했고, 머리를 깎고 승려가 되어 세속을 떠나는 것은 '간사한 얼굴빛'을 하는 것이라고 보았다. 불경의 내용도 번잡하고 뜻이 명확하지 않은 곳이 많다는 지적도 했다. 석가모니의 제자들이 후대에 경전을 찬집하면서 수식이 지나쳤던 데다, 중국으로 들어와 번역 과정에서 잘못된 것도 많다는 말도 한다. 이외에 극락이며 지옥설. 선가에서의 '견성見性'(본성을 보는 것)이며 '관심觀心'(마음을 보는 것)에 대하여도 유학의 입장에서 비판을 가한다.

　도교에 대해서도 그는 부정적이었는데, 특히 도교 안에서 그 '사상' 혹은 '철학'만을 따로 분류해 부르는 '도가사상'에 대해서는 더욱 그러했다. 그는 노자老子가 깨달은 사람이며, 그가 저술한 『도덕경道德經』에 유용한 내용이 있다는 점은 인정한다. 하지만 유학의 입장에서 도가사상이 인간에게 큰 쓸모가 있는 것이라고는 보지 않는다. 신선술을 직접 체험하는 등 도교의 내용에 관심을 가지면서도 그것을 액면 그대로는 받아들이지 않은 것이다.

정치와 경제사상

김시습은 정치의 할 바를 우선 나라의 유지에서 찾는다. 이를 위해서는 지도자(왕)가 태평한 때에도 위태로움을 생각하고, 재정이 넉넉한 때에도 지출의 과잉을 경계해야 함을 이야기한다. 더불어 지도자는 공공의 정신을 가져야 하며 국민을 위한 정치를 하되 그들에 무조건 영합해서도 안 된다고 보았다. 물론 지도자의 자질만을 이야기하지는 않았다. 그는 국민도 지도자와 마찬가지로 공공의 정신을 가져야 한다고 보았다. 사적 이익을 내세워서는 안 된다는 말이다. 『금오신화』의 「남염부주지」에서 "나라는 국민의 국가이다[蓋國者民之國]"라고 한 것은 지도자와 국민 모두에게 이러한 공공성을 강조한 의미로 해석할 수 있다.

인재를 잘 쓰는 일도 매우 중요하다고 보았다. 그러자면 신분에 구애되지 않고 널리 능력 있는 사람을 등용해야 한다고 역설한다. 양반, 상민, 노비 등의 구분을 두지 말라는 의미다. 그의 이러한 주장에 따른다면 지역이나 직업에 따른 편중 인사도 지양해야 할 것은 물론이다.

김시습은 지도자를 보좌하는 넓은 의미의 참모(신하)들에 대해서도 언급한다. 먼 미래를 내다보는 안목을 가지고 정말로 도리에 합당하다는 판단이 설 때 관직에 나갈 것을 그들에게 권유한다. 부귀영화를 탐해서 자리에 나가지 말라는 말이다. 아울러 참모가 되고자 하는 사람들은 뜻을 펼 수 있는 시기인가도 살펴야 한다. 나가는 것이 도리에 옳더라도 뜻을 펼 수 없는 때라면 오히려 가만 있는 것이 낫다는 의미일 것이다. 또 절개와 은퇴를 보장할 수 있는 지혜와 역량도 참모 본인에게 필요하다는 말을 한다. 도리를 지켜 열심히 일하고, 때가 되면 아름다운 모습으로 퇴장할 수 있어야 한다는 말일 것이다.

정치에서의 정통성을 중시한 만큼 정당성을 강조하는 그의 생각도 찾을 수 있다. 예컨대 고대 중국에서 은殷나라 주왕紂王을 멸하고 주周나라를 세운 무왕武王에 대해, 무왕이 만약 조금의 사심이라도 있었다면 그의 행위는 옳은 것이 아니었다고 본다. 온 국민이 바라는 일을 했기에 정당한 것이지 그렇지 않았다면 옳은 처사가 아니었다고 김시습은 말하는 것이다. 그러나 소수 국민의 의사만으로 정치의 정당성이 실현되는 경우가 있다. 정당성은 사람의 많고 적음에서만 나오는 것이 아니라 의사결정자들의 생각과 판단 수준에도 달려 있다고 보아야 한다.

김시습의 경제사상에는 17세기 프랑스의 중상주의 경제학자였던 앙투안 몽크레티앙Antoine Montchrestien(1575~1621)의 그것과 기본에서 유사한 데가 있다. 몽크레티앙은 정치경제학을 언급하면서 경제가 정치와 무관한 것이 아니라고 보았는데 김시습도 마찬가지다.

이미 보았듯이 김시습은 '나라의 주인은 국민이므로 경제도 이들의 경제적 수요를 충족시키는 데 우선을 두어야 한다. 그러자면 생활에 필수적인 생산 활동(농사와 누에치기 등)을 장려하고 조세의 부담을 적게 해야 한다. 전자를 통해 생산자의 소득이 증대하고, 증대한 소득은 후자에 힘입어 소비에 사용됨으로써 국민들의 경제 생활은 안정될 수 있다'고 본 것이다. 이러한 견해는 유교의 기본적 경제관이어서 새로울 것은 없다.

다음으로 그는 인간의 본성에 입각한 경제를 주장했다. 여기서 주목할 점은 그가 '이익'을 긍정하고 있다는 사실이다. 당시에도 누구나 인간의 본성이 이익을 좋아한다는 사실은 인정하고 있었다. 그러나 국가가 정책적으로 이를 인정하지 않음으로써 상업이 천시되기도 했는데, 김시습은 이에 반론을 제기한 셈이다. 그가 중요 산업(예컨대 소금 산업)을 국유화하기보다 민간에 맡길 것을 주장한 것도 이익 추구를 긍정하고 그 이익을 극대화하고자 한 의도를 반영한 것으로 보인다.

영리적 관점에서의 이익을 국가가 정책적으로 인정하는 문제는 조선 후기가 되면서 주로 실학파 학자들을 중심으로 전개되었다. 한국에서의 자생적 자본주의 맹아론도 그래서 이 시기를 기점으로 논의되는 점을 생각하면 김시습의 견해는 주목할 만하다. 다만 상업에 대한 긍정적 의사가 뚜렷하게 표출되지 않아

근대적 관점에서 보면 아쉬운 감이 있다.

김시습은 생물자원, 예컨대 소나 돼지, 물고기, 나무, 새 등 사람의 식용으로 쓰이는 이들 자원의 이용에 한계가 있어야 한다고 보았다. 사람이 불가피하게 이들 자원을 이용하지만, 큰 틀에서 보면 이들도 생명을 가진 존재이고 인간과 함께 사는 자연의 일부이기 때문에 필요한 범위에서 지나치지 않은 방법으로 이들을 이용해야 한다는 것이다. 그러한 맥락에서 촘촘한 그물을 써서 물고기를 마구 잡거나, 아무 때나 나무를 베며, 잠든 새를 쏘아 잡는 등의 행위는 피해야 한다고 이야기한다.

이러한 주장들은 유교 경전인 『논어』, 『맹자』에 나오는 것이어서 김시습만의 견해라고는 할 수 없다. 하지만 어떤 식으로든 불교에 몸을 담고 있던 그가 인간의 생활을 위해 살생에 대해 부정적인 견해를 나타내지 않은 것은 다소 특이하다. 인간과 자연의 공생관계 속에서도 인간 중심의 경제관을 서술하고 있다는 점이 남다르게 보인다.

명확하지 않은 정체성

김시습의 정체성을 가리켜 흔히 '외불내유外佛內儒'라는 말을 한다. 겉모습은 승려였지만, 속의 생각은 '유교인'에 가까웠다는 의미다. 그의 철학사상을 보더라도 유교의 입장에서 불교와 도교를 비판하고 있으니 일리가 있는 말이다. 임금(단종)에 대한 충절이라는 유교의 가치관을 평생 지키며 산 것을 보면 더욱 그렇게 볼 수 있다. 그러나 어느 한편에서 보면 그가 과연 유교인으로 불릴 만한 정체성을 보였는지 의문일 때도 있다.

그의 소설 『금오신화』를 보자. 여기에 수록된 「만복사저포기」와 「이생규장전」에서는 주인공 남녀가 처음 만나면서 바로 성관계를 한다. '남녀칠세부동석'을 내세우는 유교의 입장에서는 전혀 사리에 맞지 않는 내용이다. 그렇다면 이러한 내용을 예사로이 소설로 표현한 김시습의 정체성을 과연 유교인의 범주에 포함시킬 수 있는 것일까? 그를 유교인으로 단정하는 것에는 조심성이 필요할 듯하다.

더구나 이유야 어떻든 그는 유교에서 이단으로 규정하는 불교에 귀의해서 사는 모습을 보였다. 정말로 그가 유교에 투철한 정신을 가진 사람이라면 어떤 상황에서도 승려가 된다는 것은 하기 어려운 결단이다. 이점에서도 유교인으로서 그의 정체성에는 논란의 여지가 있어야 한다.

그렇다고 김시습을 정상적인 '불교인'으로 보기도 쉬운 일은 아니다. 이미 보았듯이 그는 불교를 부정적으로 본 면이 많고, 불교의 계율을 지키며 살지도 않았다. 노상 술을 마셨고, 자작시 「채약선동采藥仙洞」에서 볼 수 있듯이 때로는 몸을 파는 여자와 살을 섞은 적도 있다. 부처의 도리를 실천해야 할 수도자의 행동으로는 생각할 수 없는 짓을 예사로이 한 것이다. 어쩌면 그는 단지 생활의 편의를 위해 불교를 '이용'한 것일 수도 있다. 「십현담요해」 등 불교 관련 저술을 남기고 있지만, 이쯤 되면 그 의미가 퇴색해 보이는 것은 어쩔 수 없다. 차라리 평생 관직에 나가지 않은 채 서생으로 살면서 충절을 지키는 모습을 보인 것이 바람직하지 않았을까. 물려받은 전답이 별로 없었다면 훈장 노릇을 하며 생계를 꾸리고 더불어 후진들을 가르칠 수 있었던 것이 아닌가. 그는 도교도 부정적으로 보았으니 '도교인'으로 평가될 수도 없는 입장이다.

그러면서도 평안도의 유람길에 만난 김수온金守溫(1409~81)에게는 자신이 승려가 된 사실을 오히려 변호하고 있다. 김수온은 한성부윤을 지내고 유·불·도에 두루 통달한 인물이었지만 김시습이 승려가 된 것은 좋게 보지 않았다. 그래서 그는 시를 통해 김시습에게 유교로 돌아오라고 권유성의 말을 하는데 이에 김시습은 거절의 뜻을 표한다. 그는 자신의 시 「화김문량운和金文良韻」에서, 자신이 속해 있는 불도佛道가 비록 유교와 다르나 마음을 기르는 것[養心]이라는 점에서는 다를 게 없는 까닭에 굳이 유교로 돌아가고 싶지 않다는 뜻을 전하고 있다. 외형으로나마 불제자로 남아 있겠다는 것, 더 나아가 유교와 불교가 본질에서 다를 게 없다는 의미겠지만, 그의 행적을 감안한다면 설득력을 갖기 어려운 말이다.

그의 마음은 차라리 이 시의 다른 일절에서 찾아야 할 것 같다. 이에 의하면 그는 유·불의 어느 입장이든 사물에 임해서 막힘이 없도록 하면 그뿐이라고 했다. 사소한 찌꺼기 같은 일, 예컨대 김시습 자신이 지금 승려가 되어 있다는 사실 같은 것을 가지고 자꾸 따질 필요가 없다는 말도 한다. 유교니 불교니 하는 입장을 가지고 옳고 그름을 논하는 것보다는 넓은 마음을 가지고 사물에 구애됨이 없이 바른 마음을 확충하며 살면 그뿐이라는 말이 되겠다.

그렇다면 그의 정체성을 굳이 규정하자면 시쳇말로 '끝없는 자유인'으로 표현할 수 있지 않을까 한다. 신라의 원효가 노래한 '무애인無㝵人', 곧 어떤 사물에도 구속됨이 없는 경지의 인간이야말로 그가 세우고자 한 자신의 정체성이 아니었을까.

김시습, 그가 자원일 수 있는 이유

김시습이 오늘날에도 인적 자원이 될 수 있는 이유는 그의 견고했던 지조 때문일 것이다. 그는 단종에 대한 충절을 지조로 지켜

김시습 부도 | 무량사 입구의 무진암으로 가는 길가에 있는 김시습의 부도에는 "5세김시습지묘"라 쓰여 있다.

낸 몇 안 되는 사람들 중 하나다. 성삼문成三問(1418~56) 등 사육
신死六臣의 시신을 거두어 노량진에 묻어주었고, 동학사東鶴寺에
서 열린 시해된 단종의 초혼제에 주도적으로 참여하기도 했다.
충절과 지조가 무엇인가를 그는 정말 행동으로 보여준 셈이다.

　사람들은 김시습과 같은 인적 자원을 어떤 형태로든 머릿속
에 간직하려는 습성이 있다. 그에 대한 유적이 부여의 무량사에
여기저기 남아 있는 것도 그 때문일 것이다. 작은 전각에는 자
화상으로 알려진 그의 초상화가 걸려 있고, 절 입구의 무진암으
로 가는 길가에는 그의 부도浮屠가 있다. 부도에는 "5세김시습
지묘五歲金時習之墓"라 쓰여 있는데, 여기서 '5세'라고 한 것은
어릴 때 그를 부르던 일종의 별명이다. 다섯 살 때 세종의 부름
을 받아 궁중에 다녀온 그를 높여서 세상 사람들이 부르던 이름
인 것이다.

　부도 옆에는 "증자헌대부이조판서겸지경연춘추관사시청간
매월당김선생비贈資憲大夫吏曹判書兼知經筵春秋館事諡淸簡梅月堂金
先生碑"라 적힌 비석도 세워져 있다. 사후 그에게 주어진 품계와
관직에다가 청간(淸)이라는 시호까지 보인다. 그에 대한 역사에
서의 찬양도 끊이지 않는다. 일반인들은 그가 맹호를 부렸다는
등의 신화를 만들어냈고, 지식인들도 그의 생애를 높이 평가했
다. 『매월당집』(갑인자본甲寅字本)의 서문을 쓴 이산해李山海

(1539~1609), 송시열宋時烈(1607~89) 등 당대의 많은 인물들이 그를 존경했다. 물론 많은 이들이 김시습에게 존경만을 나타낸 것은 아니다.

이이의 경우, 자신이 지은 「김시습전」에서 비교적 중립적인 평가를 내리고 있다. 김시습의 머리가 우수했다는 것, 의리를 지키며 산 정신 등은 높이 평가하면서도 승려가 된 것, 습속을 벗어나 멋대로 산 점 등에 대해서는 비평을 하고 있다. 유학자인데다 세상의 습속에 민감하게 반응하며 산 이이에게 김시습은 당연히 그렇게 보였을 것이다. 그러나 조선의 그 누구도 김시습의 여러 견해와 사상에 대하여 충분한 이해를 보여주지 못했다. 특히 사상적인 면에서 굳이 김시습의 정체성을 말하자면 유교에 가장 가까웠지만 유학자들은 그를 홀대했던 편이다.

김시습은 분명 평범한 사람이 아니었다. 어린 시절부터의 천재적인 행적도 그렇거니와 유학을 공부한 사람으로서는 상상도 하기 어려운 승려가 되어 산 생애도 그렇다. 기존의 것에 대한 거부와 그의 엉뚱함은 누구도 흉내낼 수 없는 경지에 있었다. 그의 이와 같은 모습은 오늘날의 우리에게 많은 것을 시사한다.

2장

자연에 자신의
삶을 맡긴
'비범한 보통인'
서경덕

'자연철학자'만은 아니다

사람들은 서경덕徐敬德(1489~1546)을 가리켜 흔히 '자연철학자'
라고 말한다. 자연을 사랑하며 산 철학자라는 말일 것이다. 사
실 그의 시 「술회述懷」에 보면 자연 속에 살고자 하는 그의 의지
가 강하게 나타나 있는 것도 사실이다.

　부귀에는 다툼이 있어 참여하기 어려우나[富貴有爭難下手]
　자연에는 금하는 이 없어 몸을 편히 할 수 있네[林泉無禁可安身]

　그러나 이것은 어디까지나 40대에 들어 교육에 전념하게 된
이후 갖게 된 뜻일 뿐이다. 젊은 시절의 그는 누구 못지않게 세

속의 일에 관심이 많았고, 따라서 정계 입문을 통해 입신도 꿈꾸었던 것으로 보인다. 그가 52세 때 배움을 얻고자 찾아온 홍인우洪仁祐(1515~54)에게 "지난날 과거를 보았지만 두 번이나 실패"했다고 말하고 있기 때문이다.

서경덕은 그가 살던 시대에 벌어진 정치 사건에 대해서도 날카로운 비판의식을 가졌던 인물이다. 속리산, 변산, 지리산, 금강산 등 전국의 명산을 유람하던 서른넷 무렵이었다. 이때는 1519년의 기묘사화己卯士禍, 1521년의 신사무옥辛巳誣獄으로 인해 정계와 인심 모두가 뒤숭숭할 때다. 글깨나 읽은 사람이라면 왈가왈부하지 않을 수 없는 사건들이 잇달아 터지던 그때 서경덕도 예외는 아니었다. 속리산의 한 계곡에 다다른 그는 계곡물을 바라보면서 처연悽然한 자신의 마음을 시로 읊었다.

산은 한창 푸르러 사람을 즐겁게 하나[山色開人悅]
계곡물 소리는 원통함을 호소하네[溪聲訴世冤]

「게속리산하憩俗離山下」(속리산 아래에서 쉬며)라는 시의 한 구절인데, 여기서 원통함은 글자 그대로 세상에서의 원통함이다. 근래의 몇 년 사이에 일어난 정치 사건들로 생긴 피해자들의 원통함을 말하는 것이 분명해 보인다. 그 원통한 사람들에 대하여 그는 동정을 가지는 한편 가해자들에 대한 비판의식도 동시에 드러내고 있다. 잘못된 세상을 바로 잡아야 한다는 뜻도 그 이면에서 찾을 수 있다.

이전에 그는 기묘사화의 피해자 중 한 사람인 조광조趙光祖 (1482~1519)가 주도해 마련한 천거과薦擧科에 추천된 적이 있었다. 하지만 그는 이것을 사양했는데, 그렇다고 관직의 뜻을 버리지는 않았던 것으로 판단된다. 다만 그는 조광조 등의 개혁세력이 위태한 것으로 보고 이에 응하지 않았던 것 같다. 그러나 정치를 개혁하고자 한 조광조 등에게 그가 심정적으로 지지를 보낸 것은 틀림없다. 그러한 그에게 기묘사화와 그 여파인 신사무옥으로 인한 많은 선비들의 죽음은 가슴 아픈 일이었다. 그래서 시에서도 '원통함'이라는 말을 했고, 결국 자연 속에 자신의 삶을 맡기는 결단도 했을 것이다.

무능하나 순수한 인품

서경덕이 태어난 곳은 고려의 수도였던 개성 인근의 화정리이다. 그런 만큼 세련된 도시인으로서의 면모를 배우며 자랐을 듯하지만, 실상은 그렇지가 않다. 복재復齋 내지 화담花潭이라는 호를 가지고 있었고, 자字를 가구可久라고 불렀던 이 사내는 전

형적인 개성인과는 거리가 멀었다. 개성인이라고 하면 인삼업을 전문으로 하며 계산에 밝았던 상인들을 연상할 수 있다. 상인의 고장답게 한국의 전통 복식부기법인 사개치부법四介治簿法의 발생지도 개성이다. 개성인들이 대체로 상업적인 이해관계에 밝았을 것은 세간의 평이 아니라도 짐작하기에 어렵지 않다.

하지만 서경덕은 평생 돈벌이와 담을 쌓은 편이었고, 이해관계와도 거리를 두고 살았다. 이는 조상으로부터의 유전적인 탓도 있지 않은가 싶다. 모두가 하급 군인이었던 조부와 부친도 적어도 돈벌이에 대해서는 능력이 없는 사람들이었기 때문이다. 조부인 서순경徐順卿은 박봉 때문에 소작농도 하며 지냈을 정도였다. 그러나 매우 정직해서 소작료를 속이거나 지체하는 일은 없었다고 한다. 부친인 서호번徐好蕃도 생활을 제대로 꾸리지 못하는 점에서는 그의 아버지와 다를 게 없었다. 게다가 그는 아주 엉뚱한 사람이기도 했다. 어느 때인가, 마을에서 난 큰 불이 그의 집으로 옮겨 붙고 있었다. 물통을 들고 정신없이 뛰어야할 상황에서 그가 보인 모습은 주위 사람들을 당황하게 만들었다. 향불을 피우고 '저의 집에는 불이 더는 붙지 않게 해주십시오' 하는 기도만 올린 것이다. 이 순간 우연인지, 기도 덕분인지 갑자기 바람이 일어 한창 불이 붙고 있던 집의 지붕이 날아갔다. 불길은 이로 인해 사라지게 되었으나 서호번의 행동은 이해하기 어렵다.

씨도둑은 못 한다더니 재산을 관리하거나 불리는 데에 능력
이 없는 점에서는 서경덕도 이들과 닮은꼴이었다. 대단한 유산
은 애시당초 없었고 생업이라고 해야 개성 교외의 화담가에 마
련한 초가집에서 학생들을 가르치는 일이 고작이었다. 어디로
보나 넉넉한 생활은 할 수 없는 처지였다. 게다가 골샌님이어서
변통을 부릴 줄 아는 생활의 지혜도 별로 없었던 것으로 보인
다. 따라서 굶는 일이 허다했다고 한다.

제자인 허엽許曄(1517~80)이 화담가에 있는 그의 초가집을 찾
았을 때의 일이다. 때마침 장마철이라 물이 불어 도저히 계곡을
건널 수 없었다. 결국 물이 조금 줄어든 저녁에야 스승의 집에
당도할 수 있었는데, 그곳에서는 거문고를 타며 노래를 부르고
있는 스승이 보였다. 허엽이 인사를 드린 후 밥을 지으려 부엌
에 들어가 보니, 쌀이 있어야 할 솥 안에는 그저 이끼만 끼어 있
을 뿐이었다. 허엽이 그 까닭을 스승에게 묻자 '물에 막혀 집에
서 6일째 오지 못해 식사를 못 했고, 그런 이유로 솥에 이끼가
끼었을지도 모를 일'이라는 대답이 돌아왔다. 집에서 장마로 인
해 이곳으로 쌀을 가져오지 못했기 때문인지 아니면 집에도 쌀
이 떨어졌기 때문인지는 몰라도 답답한 일임에는 틀림없다.

다른 제자인 강문우姜文佑(?~?)도 비슷한 경험을 이야기한 적

박연폭포 | 서경덕, 황진이와 함께 개성을 대표하는 송도3절(松都三絕)로 지칭된다.

이 있다. 그가 어느 날 화담가의 초가집을 찾았을 때 스승은 기운찬 모습으로 열심히 강의를 하고 있었다. 그런데 부엌에 들어가 보니 불을 땐 흔적이 전혀 없었다. 놀라서 스승의 부인에게 물어보니 쌀이 떨어져 어제부터 밥을 짓지 못했다는 것이다. 하지만 그러한 가난 속에서도 서경덕의 순수한 인품은 변하지 않았다고 한다. 한번은 제자인 이구李球(?~1573)와 함께 고려시대의 왕궁터인 만월대에 올랐을 때, 이구가 한 그릇의 율무죽을 그에게 올렸다. 이에 서경덕은 "내가 평생 마른 밥을 먹은 적이 별로 없으니 이 죽이야말로 내 본분에 맞는 것이로다" 하고 말한 뒤 느닷없이 일어나 덩실덩실 춤을 추었다. 만월대에서 바라보는 경치가 좋았기 때문일 수 있겠지만 그에게 죽 한 그릇에도 기쁨을 느낄 줄 아는 마음이 없었다면 그렇게 하기는 어려웠을 것이다.

독특한 학습 방법

서경덕은 거의 독학으로 자신의 학문을 쌓은 사람이다. 그의 문집에 보면 열넷이 되자 인근의 훈장을 찾아가 『서경』을 배웠다는 기록이 나온다. 그 이전에는 어떻게 배웠다는 얘기가 없으나 『서경』을 배울 수 있을 정도의 학문적 토대가 이미 형성되었을 것으로 짐작된다.

사서삼경의 하나인 『서경』은 쉽게 배울 수 있는 책이 아니다. 정치와 관련된 내용을 가진 책이지만, 얼른 이해하기가 쉽지 않은 대목이 제법 많다. 예컨대 「요전堯典」 편에 나오는 구절 중 하나인 "기(1년)는 366일이니 윤월로 사시를 정해 해를 이룬다[朞三百有六旬六日以閏月定四時成歲]"는 내용도 그런 것인데, 열넷이라는 많지 않은 나이의 서경덕으로서는 도무지 알 수 없는 내용이었다. 훈장에게 물었지만 속 시원한 답은 들을 수 없었다. 의문을 가득 품은 채 집으로 돌아온 그는 이후 약 보름간 불철주야로 이를 알아내는 일에 몰두한다. 자기가 아는 한도 내의 지식을 모두 동원해 생각을 거듭했고, 더불어 『서경』의 그 문장을 수도 없이 되풀이해 읽음으로써 결국 그 의미를 알아내고 만다.

알고 보면 별 것이 아니지만, 어린아이 혼자서 이러한 내용을 알아내기란 분명 쉽지 않았을 것이다. 화담 서경덕이 역사에 그 이름을 올리게 된 것은 확실히 이유가 있다. 그는 출중한 두뇌의 소유자였다.

열여덟이 되자 서경덕은 『대학』을 공부하기 시작한다. 인간의 마음 및 경제, 정치 등 여러 내용을 담고 있는 이 책은, 유교에서 매우 중시되는 경전이다. 그는 그중에서도 특히 인식문제와 관련이 깊은 '격물치지格物致知'에 관심을 가졌다. 사물을 연구하여 지식을 넓히는 문제에 유독 관심을 가지게 된 것이다.

그가 사물을 연구하는 방법은 아주 독특했다. 예컨대 하늘에 대하여 연구한다고 하면 방 벽에 하늘 '천天' 자를 써 붙인 뒤 그 앞에 무릎을 꿇고 앉아 생각을 거듭하는 식이었다. 한창 혈기방장한 나이에 이런 자세로 공부하기란 쉬운 일이 아니다. 부모들의 눈치를 어떻게 비껴갈 수 있었는지도 의문이나 어떻든 문집에는 이런 식으로 공부를 한 것으로 나와 있다. 한 사물에 대한 연구가 끝나기 전에는 다른 것으로 옮기지 않았다고 한다. 그런 과정을 거치면서 벽에 붙는 사물의 이름은 계속 새로운 것으로 바뀌었고, 그 과정에서 지식도 날로 늘었다.

서경덕이 이렇게 할 수 있었던 데는 『서경』의 연구에서 보여준 남다른 집중력도 작용했을 것이다. 그의 집중력은 천부의 것이었던 모양이다. 나이가 여섯, 일곱이던 무렵의 일화가 이를 말해준다. 이 시절의 그는 집안이 가난했기 때문에 반찬거리라도 마련하기 위해 나물을 캐러 들로 나가야 했다. 그런데 들에 나가면서 그의 관심을 끌게 된 것은 나물이 아닌 종달새였다. 종달새의 움직임을 바라보느라 그는 시간가는 것도 몰랐다. 어떻게 해서 저 새는 저토록 잘 날 수 있는 것일까? 그 울음소리는 무엇을 의미하는 것일까? 이런 생각을 하며 새를 관찰하느라 저녁 늦게 들어오기가 일쑤였다.

그가 독학을 하는 과정에서는 물론 앉아서 생각만 하지는 않았을 것이다. 종달새의 움직임을 관찰하듯이 때로는 집 밖으로 나가 사물 그 자체를 바라보며 궁리를 하는 경우도 적지 않았다고 보아야 한다. 어떻게 하든 철저함을 추구하는 그의 공부열은 정말로 지독했다. 의문이 해소되지 않으면, 밥맛을 잊고, 잠도 제대로 자지 않았다고 한다. 이로 인해 건강을 해쳐 스물하나가 되었을 때는 모든 것을 잊고 전국을 여행하기도 한다. 이때는 이미 결혼한 몸이었지만 가족의 생활에는 별 관심이 없었을 것이다.

결국 가게 된 교육의 길

마흔셋에 서경덕은 모친의 권유로 생원시를 보아 합격하고 한때 성균관에서 공부도 했다. 그런데 결국 도중에 성균관을 자퇴하고 고향인 개성의 화담가에 교육장인 초가집을 짓고 가르침의 길로 나선다. 후진을 양성하는 데 평생의 뜻을 두기로 한 것이다. 쉰여섯에 그를 잘 알던 대제학 김안국金安國(1478~1543)의 천거로 후릉厚陵(조선 제2대 임금인 정종의 능) 참봉이 될 수 있었지만, 그는 이것도 사양했다.

교육자로서 서경덕은 좀 특이한 데가 있었다. 고생하면서 독학으로 공부를 했던 그는 자신의 학생들에게도 우선 스스로 힘써 노력할 것을 요구했다. 그것이 학습방법의 전부라고 보지는 않았지만, 그러한 태도가 먼저 있어야 한다고 본 것이다. 강의도 알아듣기가 쉽지 않았던 것 같다. 그래서 그의 학문을 제대로 전수받은 제자는 하나도 없다는 말이 있을 정도다.

강의 내용에서도 그는 당시 대세를 이루던 정자程子와 주자朱子보다 주돈이周敦頤, 소옹邵雍(통칭은 소강절邵康節)과 장재張載(통칭은 장횡거張橫渠)의 학설을 주로 다루었다. 이들은 대개 성리학의 본류에서는 좀 벗어나 있는 인물들인데, 서경덕은 이들 중에서도 특히 소옹을 좋아했다. 그래서 학생들에게 시를 가르칠 때도 소옹의 『이천격양집伊川擊壤集』을 모범으로 삼았다.

서경덕이 지향하는 교육의 주요 목표는 마음을 바로 다스려 행동으로 인간된 도리를 다하는 데 있었다. 그러자면 사물을 보는 마음이 깨끗하고 밝아야 하는데, 이를 위해서는 성실함[誠]과 공경하는 마음[敬]을 우선 가져야 한다고 보았다. 그렇게 해야 격물치지를 바로 할 수 있고, 올바른 행동도 할 수 있다고 생각했기 때문이다. 그는 격물치지를 위해 궁리窮理, 즉 사색과 인식 대상에 대한 관찰도 중요하게 생각했다. 이 양자가 합쳐야 올바른 지식을 얻을 수 있다는 것이다. 그러나 배움의 끝은 결국 '올바른 행동을 할 줄 아는 인간'이 되는 데 있다고 보았다. 토정土

후 이지함李之菡(1517~78)이 그에게 공부하러 왔을 때 하숙집 여주인의 유혹을 과감하게 물리친 사실을 알고 그에게 더는 배울 필요가 없다고 이야기한 것도 이 때문이었다.

서경덕은 사물의 이치를 연구하는 격물치지에서 대부분의 성리학자들과는 달리 수數를 중요하게 보았다. 사물의 복잡다단한 이치가 수로 되어 있으므로 수를 모르고는 그것들을 올바로 인식할 수 없다고 본 것이다. 모두가 아는 사실이지만 근대 이후 과학은 수학을 매개로 발전했다. 자연과학은 물론 사회과학 부문의 통계적 방법에서도 볼 수 있듯이 수학은 다양한 형태로 이용되고 있다. 이러한 사실을 보면 서경덕이 수의 학, 즉 수학을 중요시 한 점은 매우 선구적이라고 평가할 수 있다.

그는 배우는 자로서의 인간 능력에 상당한 신뢰를 보내고 있다. 아무리 어려운 문제라 할지라도 생각을 거듭하면 결국 알 수 있게 된다고 보았다. 이러한 견해는 성리학자들의 일반적 견해로 볼 수 있지만, 어떻든 배우는 사람들에게 희망을 주는 견해임은 분명하다.

비범한 보통 사람

서경덕은 그의 나이 쉰여덟이던 1546년(명종 1)에 화담가의 교육장인 초가집에서 세상을 떠났다. 운명하기 전 숨이 가쁜 가운데도 심경을 묻는 제자들에게 "내가 죽음의 이치를 안 지가 오래되었다"고 말했다. 아무런 미련도, 특별한 두려움도 없이 세상을 하직할 수 있다는 말이다. 그가 존경했던 소강절이 웃으면서 임종한 것에는 비길 수 없지만, 철인哲人다운 면모가 보인다.

사람이 잘 알면서도 지키기 어려운 덕목 중 하나가 겸손인데, 그는 항상 이를 잘 지켰다. 자기의 지식이 높다고 해서 남을 깔보거나 교만을 부리는 일이 절대 없었다. 동네의 평범한 이웃들과도 화목하게 지낼 줄 알았다. 그들의 경조사에 함께 기뻐하거나 슬퍼했으며 어려운 문제를 들고 와 의논을 하면 기꺼이 이에 응하며 같이 고민도 했다. 그는 누구에게나 좋은 이웃이었고, 아이들에게는 친절한 아저씨였다. 외견상 보통 사람으로 머물며 살 줄 아는 비범성을 갖추고 있었다고 할까?

배움을 청하는 사람들이 있으면 서경덕은 언제나 신분을 가리지 않고 받아들였다. 천첩의 아들인 서기徐起(1523~91), 서자의 자손인 박지화朴枝華(1513~92), 고을 아전의 아들인 정개청鄭介淸(1529~90), 양반이 아닌 이균李均과 황원손黃元孫, 서자로 알려진 강문우 등은 그래서 서경덕의 제자가 될 수 있었다. 기생 황진이와의 사랑 얘기도 입학이 까다롭지 않은 이 같은 학풍 때문에 생긴 것으로 보인다.

그는 책만 들여다보는 답답한 철학자는 아니었다. 술을 좋아하고, 거문고도 가지고 놀 줄 알았으며, 바둑에도 상당한 취미를 가지고 있었다. 비범한 가운데도 보통 사람들과 어울릴 수 있는 삶의 영역을 가지고 있었던 것이다.

이기설, '복'의 철학

서경덕은 「원이기原理氣」, 「이기설理氣說」, 「태허설太虛說」, 「귀신사생론鬼神死生論」을 남겼다. 이외에도 「성음해聲音解」 등 수 편의 글이 있지만, 그의 철학사상은 앞의 네 편에 모두 담겼다고 할 수 있다. 이들 글의 분량은 많지 않은 편인데 과거에 성현이나 선배 철학자들이 말한 내용은 구태여 중복해 말할 필요가 없고, 그들이 밝혀놓지 못한 것만을 남기겠다는 그의 평소 생각 때문이었다.

서경덕은 모든 사물이 오직 물질이자 기운이고 현상인 '기'로 이루어져 있다고 보았다. 그리고 이 '기'를 그는 '선천의 기'와 '후천의 기' 둘로 나눈다. 전자는 시작이나 끝, 안과 밖도 없이 아득하게 펼쳐 있는 말하자면 우주라는 태허太虛를 형성하고 있는 '기'다. 그리고 후자는 그에서 파생되어 나온 개개 사물의 '기'를 가리킨다.

선천의 '기', 즉 태허가 안고 있는 '기'는 음과 양으로 되어 있는데, 양이 형상화되어 나타난 것이 예컨대 하늘이고 태양이다. 음도 형상화되는데 그것이 곧 땅이고 달이다. 따라서 하늘, 땅, 태양, 달은 모두가 '후천의 기'에 해당한다. 이런 식으로 해서 사람을 포함한 만물도 만들어지는데, 이들은 생성과 소멸을 거듭하며 그 일생이 다하면 '선천의 기'로 다시 돌아간다. 사람이든 물이든 '후천의 기'로 생명을 다하면 고향인 태허로 돌아가 '선천의 기'로 존재하는 것이다. 시 「만인挽人」에서도 그는 이 점을 이야기하고 있다.

슬프도다, 약상인이 얼마더냐[堪嗟弱喪人多少]
돌아가는 집이 선천임을 가리키려 하네[爲指還家是先天]

여기에 나오는 '약상인'은 고향을 잃어 돌아가지 못하는 사람을 말하는데, 죽어 무슨 이유로든 헤매는 신세라도 결국 가야하는 곳은 선천인 태허라는 의미다. 태허는 그저 아득할 뿐 특별히 눈에 보이는 어떤 것이 거기에 있지는 않다. 그러나 아무것도 없는 말 그대로 '무無'인 것은 아니다. 그것은 만물을 생성해내는 오직 하나의 근원이고, 많은 '수數'를 만들어내는 본체의 수다. 이 하나인 태허에서 음양이라는 둘이 나오므로 하나에서

둘이 나온다고 말할 수 있다. 이러한 생각은 『도덕경道德經』에 나오는 "하나가 둘을 낳는다[一生二]"는 말과 유사한 데가 있어 관심을 끈다. 또 태허가 무이지만 생산적인 무라는 점 역시 『도덕경』 제1장에 나오는 "무는 천지의 시초를 이름하는 것[無名天地之始]"이라는 의미와 그대로 통한다. 서경덕의 철학에 도가적 요소가 적지 않다는 말도 그래서 나온 것이다.

이 태허라는 개념은 서경덕이 존경했던 소강절(이 사람은 선 · 후천의 개념도 서경덕에게 전해주었다)이나 장횡거에게도 나타나고 있다. 특히 장횡거는 그의 『정몽正蒙』에서 "태허는 형체가 없는 기의 본체[太虛無形氣之本體]"라고 하여 사실상 서경덕이 이야기하는 것과 동일한 태허 개념을 말하고 있다. 그러나 서경덕은 태허를 만물의 시원, 즉 성리학에서 상정하는 '태극'으로 보는 점에서 장횡거보다 좀더 명확한 개념성을 보이고 있다.

그렇다면 태허가 '기'인 이상 태극도 '기'라고 할 수 있다. 태극을 '이'로 보는 주자학과 다른 입장을 가지게 되는 것이다. 그리고 이러한 견해는 17세기에 반주자학의 입장을 취한 윤휴尹鑴 (1617~80)가 태극을 '기'로 본 것과 동일하다. 따라서 서경덕은 반주자학의 선구인 셈이다.

그는 '기'를 주로 말했을 뿐 '이'에 대해서는 별로 말하지 않았다. 대부분의 성리학자들은 물론 '기'와 함께 원리, 정신, 이치로써 '이'를 함께 말하고 있다. 그렇다면 서경덕이 '기'만을 주로 말하고 있는 것은 왜일까? 그것은 '이'의 실체성을 그가 인정하지 않았기 때문이다. 서경덕에 의하면 '이'는 '기' 안에 내재하는 법칙일 뿐이다. '기'는 그 자체로 변화, 운동하는데 그 형식의 법칙이 곧 '이'인 것이다. 그는 '기'에 대한 '이'의 주재 駐在를 인정한다. 그러나 이때의 주재는 '이'가 특별히 능동적인 작용을 하기 때문이 아니라 단지 '기'가 보여주는 법칙을 일러 말하는 데에 지나지 않는다. 즉 서경덕이 말하는 '이'는 실체가 없고 이름만 있는 것이다.

서경덕은 복復(회복 혹은 돌아옴)의 관념도 중요하게 생각했다. 그가 화담 외에 '복재復齋'라는 아호를 가지고 살았던 것도 우연은 아닐 것이다. 여기에서 '복'은 『주역周易』의 복괘復卦에 나오는 바로 그 복을 가리킨다. 역易에 밝았던 서경덕이 능히 할 만한 생각이다. 복은 반전反轉하여 회복되는 의미를 가지는데 서경덕은 「복기견천지지심설復其見天地之心說」(복이 천지의 마음을 본다는 설)에서 이를 풀이하고 있다. 그는 여기서 지일至日, 즉 동지를 가지고 설명하는데, 그에 의하면 동지는 음양의 '기'가 처음으로 변화하는 날이다. 음에 해당하는 밤의 길이가 가장 길어 그 강성함을 드러내지만, 그 안에 양인 낮의 기운이 최초로 스며들어 변화를 예고하게 된다. 이후부터 밤은 점점 짧아지는 대신 낮의 길이는 점차 길어진다. 밤과 낮, 즉 음양의 변화가 동지에서 시작되는 것이고, 움츠러든 양이 회복의 길로 들어서는 것이다. 이러한 변화를 보여주는 복의 양상은 천지의 마음(자연의 이치)에서 오는 것인데, 인간사에서도 그대로 볼 수 있는 일이다. 그래서 서경덕은 시 「동지음冬至吟」에서 다음과 같이 읊고 있다.

사람이 능히 복을 알면 도가 멀지 않으니[人能知復道非遠]
세상이 혹 도모함을 고치면 다스림을 돌이킬 수 있으리[世或改圖 治可回]

인위적인 것을 버리고 복의 이치에 따라 순리대로 하면 다스림도 잘될 수 있으리라는 말이다. 역시 도가적인 견해라고 할 수 있다.

정치: 지도자의 마음가짐과 언론을 중요시

서경덕은 관직에 종사하지 않았다. 그러므로 그의 정치사상을 엿볼 수 있는 상소를 남기지도 않았다. 하지만 정치에 대해 그가 전혀 언급하지 않은 것은 아니다. 인종仁宗 대에 올리려다 그

만든 「의상인종대왕논대행대왕상제불고지실소擬上仁宗大王論大行大王喪制不古之失疏」에서 정치에 대한 그의 견해를 단편적이지만 엿볼 수 있다. 이는 전前 왕 중종中宗의 상제가 옛날의 제도와 같지 않음을 지적하고자 쓴 소疏인데, 실제로는 인종에게 올려지지 않았다. '실소失疏'라는 이름도 그래서 붙여진 것이다. 이유는 아마도 재위 8개월 만에 왕이 승하했기 때문이 아닌가 싶다. 이 글에서 서경덕은 성리학적인 지도자론을 말하고 있다.

> (전하께서) 마땅히 성현의 사업에 뜻을 두시고 제왕의 학문을 이룬 연후라야 나라 다스림의 큰일을 부흥시킬 수 있고, 지치至治도 기약할 수 있습니다.

여기에 나오는 '지치'라는 용어는 조광조가 자주 사용하던 말인데, 유학에서의 이상정치인 왕도정치를 가리킨다. 그러니까 서경덕도 조광조와 마찬가지로 왕도정치에 대한 이상을 가지고 있었음을 알 수 있다. 그렇게 되기 위해서 어떻게 해야 하는가? 성현의 사업, 즉 요순과 공맹자로 이어지는 유학에 뜻을 두고, 학문에 힘써야 한다는 말이다. 학문에 힘써 정상급의 수준에 이르면 사물을 보는 눈이 환히 트이게 된다고 보는 성리학의 입장을 나타내고 있는 것이다.

당시의 정치사상에 비추어볼 때 서경덕의 이러한 견해는 하나도 새로울 게 없다. 철학에서의 독창성에 비추어보면 너무 평범한 얘기를 하고 있어 실망스러울 정도이다. 그러나 어느 때나 나라를 이끌어가는 지도자의 생각과 마음가짐은 중요하다. 그에게는 확실한 정치 목표가 있어야 하고, 그것을 달성하기 위해 끊임없는 공부가 필요하다. 인용문에서 나타난 서경덕의 견해를 그런 관점에서 보면 오늘날에도 의미가 있다. 그는 같은 글에서 언론을 존중할 것도 건의하고 있다.

> 신臣은 요즈음 한 가난한 선비가 글을 써서 국정에 대해 항의하자 가난하고 천한 사람의 말이라 하여 쓸 수 없는 것으로 치부해 버리는 것을 보았습니다. (그런데) 신은 꼴을 베고 땔나무를 하는 사람의 말이라도 성인은 이를 채택한다고 들었습니다.

이 말은 물론 언론이 중시되어야 함을 말하는 것이겠지만, 유교의 언론관을 그대로 살린 말이기도 하다. 『논어』의 「위령공衞靈公」 편에 보면 "사람으로서 말을 폐하지 말라[不以人廢言]"고 하였으니, 서경덕의 말은 경전의 권위를 가지고 말한 셈이 된다. 존 스튜어트 밀J.S. Mill(1806~73)이 쓴 『자유론On Liberty』에서처럼 언론을 존중함으로써 '사람들로 하여금 진리와 행복을 얻게 될 기회를 확보'하려는 의미를 서경덕에서도 읽을 수 있는 것이다. 그러나 귀천을 가리지 않고, 누구의 말이든 그것이 옳으면 받아들여야 한다는 이 주장은 말처럼 쉽게 이루어질 수 있는 일이 아니다. 전근대 사회는 물론 오늘날의 민주주의 아래에서도 그것은 미완의 과제이다.

경제: 토지분배, 건전한 경제관의 역설

서경덕은 특권층에 의한 토지의 과다 점유로 일반 국민들의 토지 이용이 크게 저해되어서는 안 된다는 점을 역설한다. 앞의 「의상인종대왕논대행대왕상제불고지실소」에 나오는 다음의 구절을 보자.

능陵에 들어가는 땅을 넓게 점유하여 국민들이 꼴을 베어 목축할 곳이 없게 되었으니, 나라의 융성한 운세가 멀리 1,000년 후까지 이르게 되면 원릉이 경기 근교의 밖에 연속하여, 밭과 들은 거칠게 되고 남은 땅이 없게 되어 백성들은 마침내 살 곳을 얻지 못할 것입니다.

능은 어느 경우에나 왕실의 위엄을 높이느라 크게 만드는 것이 상례이다. 그러나 그렇게 되면 국민들의 토지 이용은 상당한 제약을 받을 수밖에 없다. 목초지와 농지가 줄어들어, 적어도 서울 인근에서는 농민들이 이용할 수 있는 토지가 없어질 수도 있다. 이렇게 되면 백성들이 살기가 어렵다는 것이 서경덕의 생각이다.

토지는 재생산이 불가능한 천연의 재화다. 사적 소유가 허용되지만 공공 재화의 성격이 강한 것도 부인하기 어렵다. 그렇다면 왕실의 특권으로 토지를 과점하는 것은 바람직한 것으로 볼 수 없다. 특권층이나 일반 백성 모두가 균등하게 토지를 사용할 권리와 의무가 있다고 보는 게 온당하다. 서경덕은 바로 그러한 점을 말하고 있다.

아마 조선의 역사에서 능지陵地를 두고 이처럼 이의를 제기한 것은 기록상 서경덕이 유일하지 않나 싶다. 조선은 고려의 토지 제도를 개혁하면서 창업의 기틀을 닦았다. 과전법科田法을 실시하게 된 것은 그 결과였다. 하지만 조선 초기인 세종 대에 벌써 과전법의 문제가 드러나고 있었다. 세금을 납부하기 위해 농지를 파는 서민들이 생겼고 그 결과 그들에게는 '송곳 꽂을 땅도 없는' 사태가 야기된 것이다. 게다가 이른바 궁방전宮房田으로 대표되는 왕실 소유 토지의 증대는 이후로도 더욱 문젯거리가 된다. 서경덕은 이러한 현실에 대한 항의로 능지를 문제 삼지 않았을까 생각한다. 그렇다면 그의 문제의식이나 그 내용은 후기의 실학파에 앞서면서 그들과 일맥상통하는 견해로 상당한 의미를 가진다고 보아야 한다.

그는 또한 '머물음[止]'의 의미를 새기며 건전한 경제 생활을 역설하기도 한다. 한때 가깝게 지내던 개성부 소속의 교수敎授였던 심의沈義(1475~?)가 임기를 끝내고 서울로 돌아가게 되었을 때 서경덕은 「송심교수의서送沈敎授義序」라는 글을 지어 그에게 주었다. 이 글에서 자신은 수중에 돈이 없으니 부득이 '지'라는 글자로 한 말씀을 드리겠다며 경제에 관한 언급도 하고 있다. 여기서 그가 말하는 '머물음'은 매우 철학적인 의미를 가지고 있는데 유교 경전을 통해서 보더라도 그 의미는 작지 않다. 『대학』의 첫 장에 "재지어지선在止於至善"이라는 말이 나오는데, 여기서 '지', 즉 '머물음'은 단순히 머무른다는 의미가 아니다. 지극히 옳은 것을 의미하는 '지선'에 마음을 정하고 움직이지 않는다는 뜻이다. '지선'은 생활의 여러 부문에서 얼마든지 있을 수 있고, 그에 따라 '머물음'도 또한 여러 가지로 정해질 수 있다. 서경덕은 만물, 만사에 모두 머물음이 있어야 한다고 이야기한다. 예컨대 아버지와 아들은 은혜에 머물고, 왕과 신하는 의로움에 머물러야 하는 것이다. 그에 의하면 '머물음'은 인간의 본성에서 나오는 것이요, 만물의 법칙이기도 하다.

인간의 본래적인 도덕성, 그리고 건전한 판단에 비추어볼 때 인간이 마땅히 취해야 할 자리에 있게 되는 것, 거기에 '머물음'의 의미가 있는 것이다. 이러한 머물음의 철학을 그는 경제 부문에도 적용하고 있다.

> 음식과 의복의 사용, 또 보고 듣고 말하고 행동하는 데 이르기까지 어찌 그 머무는 자리가 없겠는가?

여기서 말하는 음식과 의복의 사용 문제는 재화의 소비 문제를 의미한다. 그렇다면 그가 생각하는 소비의 '머물음'은 어디에 있는 것일까? 같은 글에서 그가 한 다음의 말은 시사하는 점이 있다.

> 그런즉, 어떻게 공부를 하면 생각하지 않으면서도 잘못이 없는 (머물음의) 경지에 이를 수 있는가? 말하건대, 공경하는 마음으로 이치를 살피는 것이 그 방법이다. 공경하는 마음은 오직 하나에 주主를 두어 떠나지 않음을 이르는 것이니, 하나의 물건에 접하면 접하는 바에 머물고 한 가지 일에 응하면 응하는 일에 머물러 다른 것이 사이에 없도록 하는 것이다.

여기서 볼 수 있듯이 그는 물건과 일에 접하고 응할 동안은 그것에 머물고 다른 것을 그 사이에 개재시키지 말라는 말을 하고 있다. 물건은 물건 그대로, 일은 일 그대로 접하고 대응하며 지내라는 말일 것이다. 생각해보면 물건을 그대로 접하며 지내라는 것은 사용이라는 본질적 이치에 충실하라는 말 외에 다른 것이 아닌 듯싶다. 집은 거처하기 위한 것이니 그대로 거주하면 되고, 음식은 먹기 위한 것이니 먹으면 된다. 일의 경우도 그렇다. 그림이나 음악을 보고 듣는 일, 여가를 즐기는 일 모두 해야 할 바에 따라 충실히 하면 된다. 공경하는 마음을 가지고 주어진 사물의 이치에 따라 하면 되는 것이다.

　서경덕에게 부채를 선물할 만큼 가까운 사이였던 김안국은 곡식의 낟알 하나도 '천물天物', 즉 하늘이 주신 물건이라고 하여 버리지 않았다. 하늘을 공경하는 마음으로 물건을 대하고 소비하고자 한 마음이라고 볼 수 있을 것이다. 물건을 대함에 공경하는 마음을 강조한 서경덕의 입장도 이와 다르지 않다. 용도 외의 사치 등 과소비가 서경덕에게는 있을 수 없게 된다. 패션으로 아름다움을 추구하고 먹는 것을 즐거움의 차원에서 생각하는 오늘의 생활문화를 그는 도저히 상상할 수 없었을 것이다.

사후의 비평과 영웅화, 그리고 생전의 풍모

서경덕의 문집에 나오는 제자의 수는 스물네 명이다. 관직을 오가며 잠시 교육 사업을 한 율곡 이이의 제자가 마흔네 명인 것에 비하면 너무 적은 편이다. 하물며 자칭 타칭의 제자 수가 360여 명이나 되던 퇴계退溪 이황李滉(1501~70)과는 비할 정도가 못 된다.

제자들의 소속 당파도 다양하다. 박순朴淳(1523~89), 서기, 홍성민洪聖民(1536~94)은 서인으로 분류되지만, 그의 학술 논문을 받아 쓴 허엽은 동인의 영수로 지목된 바 있다. 이황의 제자들이 동인, 그것도 주로 남인에 속하고, 이이의 제자들이 서인으로 구분될 수 있는 것과 아주 대조적이다.

서경덕은 사후에 비평의 대상이 된다. 주로 지식인들 사이에서 거론된 것인데, 그의 학문이 『주역』을 주로 하는 수학일 뿐 정통 유학이 아니라는 비판을 들어야 했다. 그가 이기설에서 '기'를 말할 뿐 '이'는 단지 그 안에 들어 있는 법칙 내지 이름에 지나지 않는 것으로 본 것을 두고 이황과 이이에 의한 비평도 있었다. 이황은 서경덕이 '이'의 뜻을 확실히 몰랐고, 이기설의 근원도 제대로 알지 못했으며, 그의 시문時文 중에도 좋지 않은 것이 많다고 비평했다. 평소 남의 험담을 여간해서 하지 않은 이황으로서는 아주 대단한 혹평을 한 셈이다. 이이는 서경덕이 보여준 학문의 독창성과 타고난 총명함을 인정했지만, '이'를

'기'로 아는 잘못이 있다고 했다. 이이는 자신 앞 대의 세 인물인 조광조, 서경덕, 이황의 세 사람을 비교하면서 조광조가 제일 훌륭하고, 이황이 그 다음이며, 서경덕은 제일 아래라는 평도 했다.

그러나 지식인이 아닌 일반 민중들 사이에서 서경덕의 인기는 그 누구의 추종도 불허할 정도였다. 그들의 머릿속에서 서경덕은 갖은 신통력을 발휘하는 초능력의 인물이다. 지리산에 가서는 신선과 만나 대화를 하고, 죽어가는 살구나무를 살리기도 한다. 그는 설화 속의 주인공이 된 것이다.

왜 이렇게 된 것일까? 그것은 생전에 서경덕이 백성들에게 보여준 '비범한 보통 사람'의 면모 때문일 것이다. 그는 자신의 비범함을 전혀 드러내지 않은 채 평범한 이웃들과 소탈하게 지낼 줄 아는 사람이었다. 그들처럼 굶주리는 경우가 많았고, 그들의 어려움에 동정을 했으며, 그들과 문제가 있으면 해결하고자 노력도 했다. 상민이 아니고, 노비는 더구나 아닌 양반의 한 사람으로, 천시를 받던 민중들과 그는 이렇게 격의 없이 지낼 수 있었던 인물이었다. 착취당하며 고통을 받는 민중들이 미화하고 영웅화하기에 더할 수 없이 좋은 인물이 서경덕이었던 셈이다. 물론 서경덕을 비평한 지식인들과 그를 미화한 민중들, 어느 쪽이든 근거가 없지는 않지만, 너무 일면적인 면만을 본 것은 사실이다.

학자이자 민중의 영웅으로서 사후를 살고 있는 서경덕의 실제 모습은 어떠했을까? 허엽에 의하면 그는 얼굴 표정이 밝고 쾌활했다고 한다. 가난 속에서도 우울하거나 어두운 표정을 하고 살지 않았다는 얘기이다. 눈이 샛별처럼 빛났다는 말도 하고 있으니, 마음속에 항상 정기가 살아 있었다는 의미로 들린다.

신라시대의 설총 이래 한국 역대의 유학자 80여 명을 기록한 『동유록東儒錄』에도 서경덕의 모습에 관한 언급이 있다. 여기에 보면 그는 산책을 좋아하고 세상을 벗어난 사람 같았다고 한다. 그리고 늙어서는 덕이 얼굴에 넘쳐 윤택해 보였다는 말도 하고 있다. 산책은 사색을 촉진하는 기능을 한다. 고대 희랍시대에 소요학파로 불리는 철학자들이 있었고, 『장자莊子』에 「소요유逍遙遊」 편이 있는 것으로 보아 동서를 막론하고 산책의 기능을 긍정적으로 본 셈이다. 여가餘暇에 화담가를 거닐며 사색에 잠겼을 서경덕의 모습이 눈에 선하다. 얼굴이 윤택해 보였다고 했으니 상당히 고상한 풍모를 하고 있지 않았나 싶다. 『대학』에 있는 "경제적으로 넉넉하면 집이 윤택하고, 사람이 덕이 있으면 그 몸이 윤택하다[富潤屋德潤身]"라는 말이 생각난다. 물론 도시형의 세련된 모습은 아니고, 시골티가 약간 나는 가운데 탈속한 분위기를 얼굴에 담고 있었을 것 같다.

서경덕으로 보는 현대

앞에서 보았듯이 서경덕은 '자연철학자'만은 아니다. 세속의 일에도 관심이 많았으니, 그의 철학도 자연에 국한해서 말할 수 있는 것은 아니다. 그렇다면 현대의 우리가 관심을 가질 만한 모든 것들을 그를 통해 말할 수 있는 여지가 상당히 있다. 대한민국으로 그 범위를 좁히더라도 이는 마찬가지다.

그는 세상의 모든 사물을 현상적인 '기'로 보았으며, '이'는 이름 지어진 법칙에 불과한 것으로 보았다. 그렇다면 민주주의를 두고 말할 경우, 국민주권, 언론의 자유를 비롯한 인간의 기본적 자유, 복수정당제, 삼권분립 등이 실효적으로 존재하지 않는다면 그것은 민주주의라고 할 수 없다. '이'에 해당되는 원리 내지 법칙으로서의 민주주의는 이러한 '기'의 사물들이 존재하는 한에서 그 이름을 얻을 수 있는 것이기 때문이다.

시장경제의 경우도 사정은 다를 게 없다. 인적, 물적 자원이 수요, 공급에 따라 자유로이 이루어지는 '기'의 현상이 존재하지 않는다면 그것은 시장경제라고 할 수 없다. 서경덕의 이기론에 따른다면 시장경제는 공정하고 자유로운 매매가 이루어지는 시장에 대하여 주어질 수 있는 이름일 뿐이다.

이렇게 본다면 서경덕의 주기적主氣的 이기설은 허황된 거짓 이념에 반론을 제기할 수 있는 유력한 근거를 제공한다. 민주주의가 아니면서 그것이라고 강변하는 정치적 술수, 시장경제를 하지 않으면서 그것이라고 우기는 경제적 궤변에 대해 거짓이라 이야기할 수 있는 것이다.

우리는 정치에서의 민주주의, 경제에서의 시장경제를 추구하며 산다. 실용을 외치면서 여기에 변경을 가할 이유도 현 단계에서 찾기 어렵다. 그러나 중요한 것은 그 이름에 값하는 현실에서의 제반 요소가 작동하고 있느냐다. 권력을 위임받은 지배층과 국민이 함께 민주주의라는 이름을 들을 만한 정치적 실제를 만들고 있는가? 시장경제의 주체인 생산자와 소비자, 자본가와 노동자 간에 합리적 경제행위가 실현되고 있는가? 그렇지 않다면 우리는 지금 헛된 이름 아래 실용만을 외치는 꼴이 된다.

자유, 평등, 행복은 우리의 5,000년 역사에서 가장 윤택한 생활을 하는 현대의 한국인들에게 지상최대의 관심사일 것이다. 그러나 몸과 정신에 외부로부터의 어떠한 인위적 구속이나 차별이 과연 없는지 생각해볼 일이다. 국가권력에 의해서만 그러한 일이 있을 수 있는 것은 아니다. 약자로 자처하는 일부 세력이나 이해집단에 의해서도 그런 일은 얼마든지 있을 수 있다. 그 정도가 항상적이고 심하다면 우리의 자유나 평등은 그 이름을 가질 수 없다고 보아야 한다.

인간은 누구나 행복을 바라며 산다. 행복이 어디에선가 객관적으로 존재하는 것처럼 생각하는 경우도 있다. 돈, 건강, 사랑 등을 구하는 것도 그 때문일 수 있다. 그러나 서경덕의 이기설에 의하면 행복은 그 실체가 객관적으로 있는 것이 아니다. 만족을 느끼며 기쁨 가득함을 느낄 줄 아는 마음과 표정에 행복의 이름을 줄 수 있을 뿐이다.

실재가 존재하지 않는 곳에 허명의 이름을 그는 붙이려 하지 않았다. 헛된 구호나 이념으로 인간세계를 오도하는 어떠한 행위에 대하여 가차 없이 언어의 징벌을 내릴 수 있는 권한을 그는 철학의 이름으로 마련하고 있는 셈이다.

3장

반주자학의
길을 간
'타고난 반항아'

박세당

예정된 비주류의 길

선생의 성은 박씨이고, 이름은 세당, 자는 계긍季肯이며, 본관은
반남潘南이다. 그리고 어릴 때의 호는 잠수潛叟, 노년의 호는 서
계초수西溪樵叟다.

박세당朴世堂(1629~1703)의 문집인 『서계집西溪集』의 부록에
실려 있는 연보年譜의 첫 구절이다. 그 시대의 어느 연보에서나
볼 수 있는 평범한 형식의 기술이다. 그런데 고인이 된 박세당
본인이 이것을 보았다면 별로 좋아하지 않았을 것 같다. 그는 무
엇이든 남과 다르게 하는 것을 좋아하는 성품이었기 때문이다.

그에게 내린 「시장諡狀」(어느 인물의 시호를 청할 때 올리는 글)에 의하면 배움을 시작한 단계에서는 때때로 남들이 미처 생각하지 못하는 것을 떠올리는 경우가 있었다고 한다. 자기만의 생각을 만들어내는 면에서도 선천적으로 뛰어난 능력이 있었던 것 같다.

그가 반주자학의 편에 서게 된 데는 송시열과의 불화도 작용하지 않았을까 생각한다. 그는 노소론의 분열 이전부터 정치판을 주도하는 송시열을 좋게 보지 않았다. 성격으로 보아 어떻게 하든 매사에서 자신의 소리를 내고 싶은 박세당이었다. 하지만 송시열은 오로지 주자학만을 진리로 여기며 행동, 사고, 시대의 상황 인식 어디에서나 주자를 절대 지표이자 스승으로 삼고자 했다. 그렇다면 송시열이 미울수록 박세당으로서는 주자에 대한 반감도 어쩔 수 없이 가지게 되지 않았을까?

박세당이 반주자의 길로 가게 된 데는 그의 출생 순서와도 관련지어 생각해볼 수 있다. 미국의 생물학자이자 과학사학자인 프랭크 설로웨이F. Sulloway는 『타고난 반항아Born to Rebel』에서 막내를 비롯한 동생들이 장남보다 반항적이라고 설명했다. 부모의 사랑 등 가족 내의 자원을 둘러싼 행태에서 맏이가 보수적인 데 비해 동생들은 기존의 질서에 반항적이고 도전적인 경우가 많다는 것이다. 그의 이러한 주장이 물론 절대적인 것은 아

박세당 초상 | 그의 꼭 다문 입과 얼굴의 전체 느낌은 결코 녹록지 않은 그의 성품을 드러내는 듯하다.

니겠지만, 박세당의 위로 세 명의 형들이 있었다는 사실을 생각하면 흥미 있는 얘기임에 틀림없다. 우애가 특히 강조되는 문화 속에서 자랐을 박세당은 실제로 형제애가 돈독했다. 마음속으로라도 형들과 경쟁의식을 가졌을 것 같지는 않다. 물론 그 비슷한 기록도 어디에서 찾을 수 없다. 그러나 사람의 내면은 쉽사리 알 수 없는 법이다. 지금 전하는 박세당의 영정影幀을 보면 꾹 다문 입이며 얼굴 전체의 분위기가 녹록지 않아 보인다. 형들을 존경하더라도 사회적 위치에서는 결코 지지 않겠다는 의지를 담고 있는 것 같다. 그 때문에 설로웨이가 주장한 내용은 박세당의 경우와 관련해서도 흥미와 관심을 불러일으킬 만하다.

반주자학자, 박세당의 생애

박세당은 선조들의 관직이나 학문으로 볼 때 당당한 사대부 집안의 출신이다. 가까이만 보더라도 조부 박동선朴東善은 정2품 좌참찬을 지냈고 종2품 이조참판을 지낸 부친 박정朴炡은 인조반정에 참여해 계해정사공신癸亥靖社功臣으로 녹훈되기도 했다.

어린 시절의 박세당은 아주 단정한 아이였다. 또래들과 놀 때라도 맨발로 지내지 않았고, 물건이 어질러져 있으면 이를 깨끗이 정리해 놓았다. 공부는 열 살이 되어 둘째 형에게 배우기 시작했다. 매우 늦은 편이었는데, 이는 네 살 때 부친이 돌아가고, 여덟 살 때 병자호란이 발생하는 등 어려운 일이 끊이지 않았기 때문이다. 서른둘이 되던 해에 소과와 대과에 모두 우수한 성적으로 합격하면서 관직의 길에 나선다. 이후 예조좌랑을 시작으로 여러 자리를 맡지만 서른아홉에 지평, 홍문관교리를 끝으로 파직을 당해 물러난다. 문신들이 달마다 글을 지어 바치는 월과月課를 일부러 제출하지 않음으로써 자의적 파직을 받은 것이다. 국왕인 현종玄宗의 지도력에 실망하고 송시열을 중심으로 돌아가는 정계에 커다란 불만을 가진 탓이었다.

마흔에 진작부터 마음에 두었던 수락산의 석천동에 집을 지어 거처를 정한 뒤 농사를 지으면서 본격적인 학자의 길을 걷는다. 이 뒤로 나라에서 내리는 대사간, 대사헌, 공조판서, 좌참찬 등 중앙의 여러 관직은 모두 사양한다. 때로는 외직(통진현감)을 지내거나 청나라로 가는 사신 임무를 잠시 맡은 것 외에는 이같은 생활로 생애를 보냈다. 그의 높은 학문이 알려지면서 만년에는 찾아오는 제자들도 많아져 따로 교육관을 짓고 가르치는 일에도 열과 성을 다했다.

언뜻 보면 마흔 이후 박세당의 생활은 매우 단조로울 것 같지만, 거세게 돌아가는 정국의 풍향은 그것을 허용하지 않는다. 1680년(숙종 6) 남인이 대거 숙청되는 경신대출척庚申大黜陟을 계기로 그 주도세력인 서인 안에서 노·소론의 분파가 발생하는 등 정국은 날로 험악해졌다. 당시의 왕인 숙종肅宗은 통치에 힘을 쏟는 면도 있었지만 1689년 인현왕후仁顯王后를 폐출시키고 희빈 장씨를 정비로 세우는 등의 무모한 일도 단행했다. 이때 정국을 주도한 세력은 원자 책봉 등의 문제에서 숙종을 지지하여 '기사환국己巳換局'으로 재집권한 남인이다. 박세당의 둘째 아들인 박태보朴泰輔는 인현왕후 폐출 때 숙종의 조치를 반대하여 받은 국문의 후유증으로 유배를 가는 길에 죽는다.

이렇게 정국의 소용돌이 속에 아들을 잃기도 한 박세당은, 쉰둘이던 1680년부터 『사변록思辨錄』 등을 저술하기 시작했다. 이 해에 『대학』, 쉰아홉에 『중용』, 예순에 『논어』, 그리고 예순하나에 『맹자』에 관한 『사변록』을 짓는다. 이로써 그는 사서四書에 대한 그의 의견을 정리한 일종의 해설서 격인 『사변록』을 완성했지만, 그의 저술은 여기서 그치지 않는다. 예순셋에 『서경』에 관한 『사변록』을 지은 후, 그로부터 2년 후에는 『시경』에 관한 『사변록』까지 손을 댄다. 그러나 『시경』에 관한 글은 끝을 보지 못함으로써 그의 사서육경에 대한 『사변록』의 집필 사업은 결국 미완으로 끝나는 셈이 된다.

그의 저술은 유학에 국한되지 않았다. 쉰셋에 도가에 대한 연구서인 『신주도덕경新註道德經』을 짓고, 그 이듬해에는 『장자』

에 자신의 해석을 붙인 『남화경주해산보南華經註解刪補』도 내놓기에 이른다. 이로 인해 주자학을 신봉하는 사대부들의 극심한 비난을 감수해야 했지만 그는 전혀 개의치 않았다.

따라서 주자학 절대의 입장을 고수하는 송시열 및 그 추종 세력들과 박세당이 극한적 대립을 보인 것은 당연한 결과였다. 그리고 파열은 마침내 박세당이 1702년에 쓴 「영의정백헌이공신도비명領議政白軒李公神道碑銘」을 두고 정점에 이른다. 이 글은 1671년에 사망한 영의정 이경석李景奭에 대한 비문인데, 여기서 박세당은 고인을 '봉황'이라 옹호하고 송시열을 봉황을 모욕하는 '올빼미'라며 노골적으로 비난했다. 이경석은 병자호란 후 청나라가 요구하는 삼전도비문을 지었지만, 화의를 반대하는 이른바 척화신으로 심양에 다녀온 바도 있다. 효종孝宗의 북벌 계획이 청에 알려져 조선이 곤란한 입장에 처했을 때는 자진해서 책임을 지고 청에 감금되는 모습도 보였다. 요컨대 그는 조선인이라면 누구나 하기 어렵거나 싫어하는 일을 도맡아 하다시피 한 인물이었다. 당시의 정세를 생각한다면 이경석은 비난보다 찬양을 받아야 마땅했지만 생전의 송시열은 달랐다. 특히 이경석이 삼전도비문을 '아첨하며 기쁘게 지었다'며 그를 맹렬히 비난한 적도 있었다. 평소 송시열을 좋게 보지 않았던 박세당은 이미 지나간 일이었지만 그의 이러한 태도를 묵과할 수 없

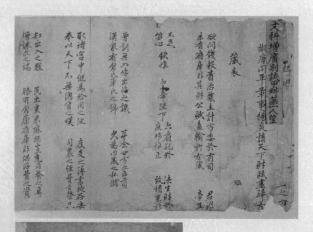

文科增廣別試甲科第八坐

博府同平章事判槐院請天下對賦墨辭左

箋表

欲聞錢較青治糜主計方委於有司
宰有府庫非其時公賦盒輸於左藏

君雅
嘉其

不已
篤忠 欽惟 申奉陛下歲制拉正

此
六府孔於 致擒黑器

法生時於

曾訓至今悟宏仁之議
菜舍甲方正頁
漢家有金氏庫氏之弊
久為切歲者私儲

耿詩宮中說為給用之快
宸文之隆書德存女
本以天下不無溉頁之嘆
司農之經頁者隆於

豈出入之數
民出果未麻綠生究司營之具
繕誅炎之瑞
勝訂府庫府庫非供浮賣之資

教旨
生員朴世堂文科甲
科第一人及第出身
者
順治十七年十一月二十五日

박세당의 과거 답안지인 시권(試券, 위)과 합격 교지인 홍패(紅牌, 아래) | 박세당은 현종 1년(1660) 증광문과에서 장원하면서 관직의 길로 들어섰다.

었다. 그래서 비문을 통해 송시열을 비난한 것인데, 이후 사태는 일파만파로 커졌다. 송시열은 이미 세상을 떠난 뒤였지만, 그의 제자들이 벌떼 같이 들고 일어난 데다, 성균관의 유생들도 박세당을 격렬하게 성토하고 나섰다. 또한 노론에 의해, 그가 지은 『사변록』이 사문난적斯文亂賊으로 몰리기도 했다.

상소를 통해 사태를 알게 된 왕도 그에게 관작을 삭탈하고 도성 밖으로 추방하는 형벌인 문외 출송門外黜送을 명한다. 곧 이어 멀리 유배를 보내라는 명도 내렸다. 얼마 후 유배의 명은 취소되었지만, 심신이 함께 피곤해진 그로서는 더는 삶을 이어갈 힘이 없었던 것일까? 이듬해인 1703년 8월에 일흔다섯의 나이로 생을 마친다.

이상 간략하게 살핀 박세당의 생애에서 관심을 가지고 볼 수 있는 면이 몇 가지 있다. 서른둘에 출사하여 마흔에 사실상 관직을 은퇴하기까지의 대략 8년에 걸친 정치 활동, 수락산 석천동에 거주한 이후의 생활 모습, 그리고 이 시기에 저술한 『사변록』 등을 통해 나타나는 사상 내용이 그것들이다.

정치적 소신

박세당은 이상보다 실제의 현실을 중시하는 입장에서 정치와 외교를 생각했다. 그가 관직에 있던 1660년대는 병자호란 이후 명나라가 완전히 멸망하고, 청나라의 국세는 날로 신장하던 때였다. 그렇지만 송시열을 비롯한 화이론자華夷論者들은 '명'을 받들고, 명의 마지막 연호인 '숭정崇禎'을 계속 사용하는 등 청에게 적대적인 정책을 취하고자 했다. 한족漢族의 중국만을 문화국이라 인정하고 만주족의 청나라를 오랑캐로 보는 태도였다. 그러나 현존하지 않는 명을 떠받들며 조선을 이른바 소중화小中華로 보려는 이념 과잉의 자세를 박세당은 찬성할 수 없었다. 그가 연호 '숭정'의 사용을 마땅치 않게 본 것도 그 때문이다.

그의 입장에서 본다면 중국의 주인이 누가 되든 상관이 없는 일이다. 광대한 영토와 인구가 많은 중국이 형세상 이미 대적할 수 없는 나라인 이상 이제 그 땅의 주인이 된 청과 함부로 겨루는 것은 조선의 멸망을 자초하는 일이었다. 「평제탑비발平濟塔碑跋」에서 그는 백제와 고구려가 당나라에게 망한 사실을 상기하며 그런 입장을 나타내고 있다. 그에게는 '화이론' 같은 이념에 구속되어 청나라에 적대적 태도를 취하는 것은 어리석은 행동으로 보였을 것이다. 그에게는 사세를 보아 나라를 구하고 민생의 고통을 덜게 할 수 있다면, 그것이 명분보다 훨씬 소중한 일이었다. 그가 병자호란 때 화의를 주장하여 이를 실현시킨 최명길崔鳴吉(1586~1647)을 높이는 것도 그 때문이다.

박세당 묘 | 박세당과 그의 첫째 부인 의령 남씨, 그리고 둘째 부인 정씨가 함께 묻힌 '삼위합장묘'다. 경기도 의정부시 소재.

현직에 있던 서른아홉 때 현종에게 올린 「응구언소應求言疏」에도 그의 현실적 안목이 나타나 있다. 그는 여기서, 살기가 어려워 고향을 등지고 유랑하는 서민들, 그들의 세금을 대신 물도록 강요당하는 이웃들, 공평하지 않은 과세, 그로 인해 원망이 하늘을 찌르고 있는 수많은 백성들의 고통을 덜어주어야 한다고 주장한다. 그러자면 개혁을 해야 하는데 크고 쉬운 것부터 하되 유용한 논의를 채택해 여러 폐단의 근원을 없애야 한다고 보았다. 물론 이에 앞서 국왕의 굳건한 개혁의지가 선결 조건임을 그는 빠뜨리지 않았다.

그러나 박세당이 볼 때 국왕은 정치에는 큰 뜻이 없어서 말만 있을 뿐 정작 실효성 있는 일을 하려고 하지 않았다. 신하들을 만나 논의하는 일도 별로 없고 어쩌다 만나는 경우에도 올바른 말을 들으려고도 하지 않았다. 또 정치 주도세력도 지식을 가졌지만 무사안일에 젖어 실제와는 거리가 먼 '헛된 학문[虛文]'을 하고 있을 뿐이다. 현명한 인재를 골라 쓰도록 하고, 기강을 세우도록 하며, 민생에 해가 되는 것을 제거하고 이익이 되는 것을 일으켜야 하는데 그렇게 하지도 않았다. 이들은 외교에서도 전혀 실효성이 없는 존명사상에 사로잡혀 청에 배타적인 태도만을 보이고 있었다. 실제의 국제정세에는 아랑곳하지 않은 채 지도층의 헛된 명분론으로 인해 고통받는 자들은 힘없는 백성

일 수밖에 없다. 박세당은 이러한 사실을 염두에 두고 이들을 비판하고 있는 것이다.

박세당의 개혁론은 그보다 100여 년 전인 1574년에 율곡 이이가 선조宣祖에게 올린 「만언봉사萬言封事」의 내용과 비슷한 점이 있다. 이이도 왕이나 신하들 모두 실제의 폐단을 고치려는 의지가 부족하고, 민생은 여전히 고통에 시달리고 있다며 개혁을 요구했다. 이뿐이 아니다. 그보다 30여 년 전인 1541년에, 명종明宗 대에 영의정을 지낸 이준경李浚慶(1499~1572) 등이 중종에게 올린 세칭 '1강9목소一綱九目疏'와도 내용에서 크게 다르지 않다. 군자를 들어 쓰고, 민생을 구제하며 간언을 받아들이라는 등이 주 내용으로 박세당이 주장한 것과 별로 다를 게 없다.

그러나 어느 경우에도 기대한 성과는 이루어지지 않았다. 박세당도 두 선배 정치인과 마찬가지로 실망을 느꼈겠지만, 그에 따른 대응 자세에서는 더욱 철저해 보이는 면이 있다. 이준경은 그대로 정치권에 남았고, 이이도 은퇴를 생각했지만 결국은 현직인 이조판서에 있다가 생을 마감했다. 그러나 박세당은 달랐다. 그는 완전히 관직을 포기하고 정치권을 떠나기로 한 것이다.

야인으로서의 생활

관직을 물러난 후의 박세당 심정이 어떠한 것이었는지는 마흔여덟이던 1676년에 쓴 농서農書 『색경穡經』의 서문에 나타나 있다.

더구나 나는 일찍이 관직에 있을 때 (내가) 생각한 바 치도治道가 족히 현 시대에서 펴질 수 없음을 알고 은퇴한 뒤 스스로의 힘으로 먹고살고자 한 지가 오래 되었다.

이 말대로라면 그가 야인으로 돌아와 농사를 지으며 살고자 한 것은 오래전부터였다. 정치인으로서 의미 있는 역할을 할 수 없게 된 이상 물러나 농사를 지으며 사는 길이 편하다고 생각한 것이다. 물론 후진들을 교육시키는 일도 염두에 두었을 것이다.

『색경』은 농사에 관한 책으로 13세기 후반 원나라에서 간행된 『농상집요農桑輯要』 등의 농서에다가 박세당 자신의 농사 경험을 덧붙여 지은 책이다. 『색경』의 집필을 완료했을 때는 이미 그가 다년 동안 농사를 지은 후였기에 앞의 서문은 과거를 회상하며 지은 글이 된다.

'야인'을 자처하고 나선 박세당은 농사짓기에 아주 적극적이었다. 그는 호미를 들거나 쟁기를 멘 노비들을 대동하고 논밭으로 나가 하루 종일 일을 했다. 아마 그는 상당히 꼼꼼히 그들에게 일을 지시했을 것이다. 마흔다섯 때 조정의 명에 따라 잠시 영릉寧陵(효종과 그의 아내인 인선왕후仁宣王后의 능)의 천장遷葬(무덤을 옮기는 것) 일을 주관하면서 조달 물품이나 일꾼들의 노임 등과 같은 세세한 일에까지 신경을 썼던 것으로 미루어볼 때 그렇게 짐작할 수 있다.

그러나 농지가 척박해서 매번 수확은 적었다. 과일도 심고, 때로는 산에서 해온 나무를 내다 파는 것으로 생활에 보탬을 하고자 했지만 끼니조차 잇기가 어려웠다. 굶는 일도 있었지만, 그는 언제나 밝은 얼굴로 살았다. 관직에 있으면서 억지로 아첨을 하며 지내는 것보다 그래도 이렇게 사는 것이 낫다고 생각한 것이다. 게다가 그에게 학문을 배우고자 찾아오는 젊은이들이 늘면서 그는 한층 보람을 느끼며 야인 생활을 즐겼다. 하지만 정치적 격변이 소용돌이치는 17세기의 정국은 그를 비켜가지 않았다.

그는 첫 부인인 남씨 몸에서 태유泰維와 태보, 후취인 정씨 몸에서 아들 태한泰翰과 두 딸을 두었다. 태유와 태보는 모두 재주가 있고 학문도 뛰어났지만, 강직한 성격으로 인해 관직에서도 파란을 겪는다. 특히 맏아들 태유는 매사에 조금이라도 잘못된 것을 보면 그냥 지나치지 못하는 성격이어서 어느 관직에서나 사람들과 불화를 빚었다. 당연히 좌천도 수없이 당한다.

맏아들의 성격을 잘 아는 박세당은 편지를 보낼 때마다 당부하는 말을 잊지 않는다. 쉰일곱이 되던 해의 2월 3일자 편지에서는 눈 내리는 것을 바라보면서 좌천되어 고산도 찰방으로 나가 있는 아들에게 이런 말을 한다.

모든 일에 극도로 조심해서 사람들의 구설을 듣지 않도록 하여라.

2월 17일과 3월 1일자로 잇달아 보내는 글에서도 걱정은 계속된다.

(보내준 편지에 아직도 지난날의 이런저런 일로 인한) 울화증이 가라앉지 않는다고 하니 정말로 걱정이 되는구나.

그러나 태유는 결국 현직을 물러난 후 집에 돌아와 병으로 죽고 만다. 그보다 나은 편이지반 태보도 둥글둥글한 성품은 되지 못했다. 일찍 벼슬길에 나서 이름을 떨치지만 스물셋에 과거의 시관으로서 부적절한 문제를 출제했다는 이유로 반대파인 남인의 탄핵을 받아 평안도의 선천宣川으로 유배된다. 그때가 음력 10월이었다. 북쪽 평안도의 그 차가운 추위에 태보가 과연 잘 견딜 것인가. 박세당은 아들의 유배 기간 내내 걱정과 근심으로 산

박세당 글씨 | 석천동 계곡의 바위에 새겨진 박세당의 글씨. 박세당은 마흔이 되던 1668년, 관직에서 물러나 경기도 양주의 석천동에서 농사를 지으며 학문연구와 제자양성에 힘썼다.

다. 그러다가 이듬해 생각보다 빨리 석방되자 이번에는 좋아서 어쩔 줄 모른다. 이처럼 사랑하던 아들이었지만 태보는 1689년에 일어난 기사환국 때 죄를 얻어 유배 중에 죽는다. 그가 올린 인현왕후의 폐위를 반대하는 내용의 상소가 숙종의 노여움을 샀기 때문이다. 태유에게 그랬듯이 태보에게도 아버지로서 박세당은 늘 신중할 것을 당부했었다. 쉰둘이던 해의 11월 23일자 편지에서 이런 말을 하고 있다.

> 너에게 걱정이 되는 것은 항상 가볍고 상궤를 이탈하는 것이다.
> 생각이 두루 일에 미칠 수는 없지만 동작을 신중히 하면 잘못이
> 적겠지?

태보가 죽은 이듬해에는 큰 형수, 또 그 다음 해에는 셋째 형수(태보의 양모)가 사망하는 등 가족과 이별하는 슬픔이 잇달아 온다. 10대에 큰형, 20대에 셋째 형, 50대에 둘째 형이 떠난 후 60대에 들어 형수 둘이 세상을 떠난 것이다. 예순여덟이 된 박세당 자신도 이제 수명이 얼마 남지 않았다는 생각이 들자 자손들을 불러 훈계하며 당부했다.

> 행동보다 말이 앞서지 않도록 하여라. 그리고 내가 죽은 뒤 상례

에 관한 제반 절차는 간소하게 해서 절약을 위주로 할 것이며,
독서하고 학문하는 방도는 '충신忠信'이 근본임을 명심하여라.

'충신'은 자기에 충실하고 타인과의 사이에는 믿음을 지키라
는 의미이다. 지식으로써의 학문보다 충신에 기초하는 학문을
하라는 의미로 말한 것이라 생각된다. 이어 형제간에 친하게 지
내도록 당부했는데 재미있는 것은 그렇게 하기 위해서는 각자
가 아내의 말을 우선해서 듣지 말도록 당부한 것이다. 그리고
죽은 사람을 위해 3년간 올리는 '상식上食'은 예에 맞지 않으니,
죽은 지 석 달 후에 지내는 졸곡卒哭과 더불어 이를 그치도록 일
렀다. 번거로운 예절을 구태여 지킬 필요가 없다고 본 것이다.

『사변록』의 진실

도합 13여 년에 걸친 『사변록』의 저술에서 특히 관심을 끄는 것
은 『대학』, 『논어』, 『맹자』, 『중용』에 관한 것이다. 그의 반대파
가 왕명을 받아 『사변록』의 내용을 조사할 때도 그들의 주된 대
상은 바로 이 네 권의 책과 관련된 것들이었다.

널리 알려진 것처럼 그의 『사변록』은 유교 경전에 대한 주자
의 주해註解를 반박하는 내용으로 가득 차 있다. 경전 해석에서

독자적 권위를 확립한 중국 송 대의 이 사상가에 대해 박세당은
『사변록』을 통해 반기를 든 것이다. 그의 반기는 단순한 반론에
그치는 것이 아니다. 500여 년에 걸쳐 쌓인 권위에 과감한 도전
을 선언한 셈이다. 이러한 도전을 시도한 사람으로 그와 거의
같은 시대를 산 남인 윤휴가 있다. 그 역시 주자의 학설에 반기
를 들었으나, 정쟁의 와중에서 그의 이러한 학문적 입장이 새삼
문제가 되면서 1680년 경신대출척 때 죽음을 당한다.

박세당은 윤휴가 죽던 바로 이해에 『사변록』의 저술을 시작
하여 『대학』에 관한 부분을 완성한다. 역사학자 이병도가 『국역
사변록』의 「해제」에서 말한 대로 대담한 거조이기도 하지만, 자
유로운 학자적 양심의 발로라고 보아야 할 것이다.

『사변록』의 서문[序]에서 그는 주자가 경전의 해석에서 이룩
한 공로를 일단 인정한다. 그러나 "경전의 말이 통체(근본 혹은 취
지)는 하나이지만, 그에 이르는 단서는 수없이 많아서 그 취지나
자세한 내용까지 일일이 정확하고 남김없이 드러내기는 어려운
점이 있다"고 이야기한다. 더불어 "가까운 것에서 먼 것으로, 그
리고 얕고 소략한 데서 깊고 복잡한 것으로 나가야 하는데 그렇
지 않은 경우가 있을 수 있다"는 이야기도 한다. 따라서 박세당
은 "고답한 것만을 추구하여 얕고 소략한 것을 빠뜨리는 해석이
있다면 응당 이를 바로 잡아야만" 했다. 이러한 입장에서 박세

당은 "자기 분수에 지나치는 외람된 짓"인 줄 알면서도 『사변록』을 저술했다고 밝히고 있다. 그것도 모자라 서문의 말미에서는 한껏 자신의 저술에 대한 용서의 말까지 덧붙이고 있다. 하지만 본 내용에 들어가면 도처에서 서문에서 밝힌 겸손과는 거리가 먼 점을 발견할 수 있다. 박세당은 각 경전의 구절을 기록하고 그에 대한 자신의 해석을 붙인 뒤에 주註 내지 주언註言, 주의註意, 주운註云, 주부자朱夫子, 주자朱子, 주왈註曰 등의 표현을 앞세워 주자의 설을 말하면서 이에 대한 반론을 펴고 있다. 심지어 『대학』과 『중용』에 대한 글에서는 자신의 견해에 따라 그 내용의 순서를 주자의 그것과 다르게 바꾸기도 한다.

주자에 대한 그의 공격은 『대학』의 첫 장에 대한 해석에서 아주 예리하게 나타나고 있다. "대학의 도는 밝은 덕을 밝히는 데 있고, 국민을 새롭게 하는 데 있으며, 지극한 선에 머무르는 데 있다大學之道在明明德在親民在止於至善]"라는 『대학』 첫 장의 내용을 두고, 주자는 명명덕明明德, 재친민在親民, 재지어지선在止於至善을 『대학』의 3강령으로 삼았는데, 후대에서도 이를 그대로 받아들였다. 하지만 박세당은 주자의 이 같은 해석을 잘못된 것이라 했다. 그는 이에 대한 반박의 자료를 주자의 말에서 가지고 온다. 즉 주자가 이 장을 해석하면서 "명명덕과 친민 모두 마땅히 지어지선의 경지에 머물러야 한다明明德親民皆當止於至

善之地」고 했으니, 명명덕과 친민은 몰라도 지어지선은 따로 강령이 될 수 없다고 본다. 지어지선은 명명덕과 친민이 갖추어야 할 최선의 경지를 말하는 것이기에 따로 강령이 될 수 없다는 말이다. 더구나 주자는 이 장의 해석에서 명명덕에는 그것의 실현을 위한 다섯 개의 조목(물격物格, 지지知至, 의성意誠, 심정心正, 신수身修 즉 수신修身), 친민에는 세 개의 조목(가제家齊, 치국國治, 천하평天下平)을 열거한 데 비해 지어지선에 대하여는 아무런 조목을 들지 않고 있다. 박세당은 이 점도 지적하면서 조목 없는 강령은 있을 수 없으니 지어지선은 따로 강령이 될 수 없다고 이야기했다. 요컨대 대학의 강령은 명명덕과 재친민의 둘만 있다고 본 것이다. 언뜻 보아도 주자의 해석에 대해 상당히 논리적으로 반박하고 있음을 알 수 있다. 더구나 주자의 말을 들어 그 부당성을 논증하고 있는 점이 눈길을 끈다.

『중용』에 대한 해석에서는 서문에서 이미 책의 제목에 나오는 글자의 뜻을 두고 주자와 다른 견해를 밝히고 있다. 주자가 '중中'을 "치우치지 않거나 더하지 않는 것이며, 지나치거나 미치지 않음이 없는 것"으로 보는 데 대하여는 이견이 없다. 다만 '용庸'을 주자가 '평상平常', 즉 별 다름이 없는 것으로 풀이함을 그는 문제 삼는다. 박세당에 의하면 '용'은 '항恒'(항상)을 말한다. 즉 중용이라는 말은 이미 하고자 한 일에서 '중'을 얻고 그것을 항상 유지하고자 하면서 잠시도 잃지 않는 것을 말한다. 이렇게 되면 『중용』에서 요구하는 '중'의 의미가 더욱 실효적이고 강조되는 의미를 가질 수 있는 것이다. 도덕이 어차피 요청적인 것이라면, 주자보다 박세당의 해석이 더욱 좋아 보인다.

내용에서도 상당한 반론을 제기하고 있는데, 어떤 부분에서는 주자를 아주 무시하는 듯한 태도로 해석을 더하기도 한다. 그 예로 제4장의 내용에 대한 것을 보기로 하자.

공자께서 말씀하시기를, 도가 행하여지지 않는 것을 내가 아노라. 지혜로운 자는 지나치고, 우매한 자는 미치지 못하는구나. 도가 밝혀지지 않는 것도 내가 아노라. 현명한 자는 지나치고, 못된 자는 미치지 못하는구나.

박세당은 본문의 이 글에 대한 주자의 해석을 불필요한 것으로 보았다. 주자는 이 부분의 해석에서 "도는 천리天理의 당연한 것"이라느니, "지자, 우자, 현불초자賢不肖者는 지혜가 지나치거나 미치지 못"하고, 또 "그 행해야 될 바를 알지 못하기 때문에 도를 행하지 않는다"는 등 여러 가지의 설명을 하고 있다. 주자가 말한 '천리'란 글자 그대로 하자면 '하늘의 이치'다. 그리고 그러한 이치가 인간에게 주어진 것이 성性이라고 보는 성리학의 입장에서 도를 설명하고 있는 것이다. 말하자면 '성이 곧 이[性即理]'라는 명제 아래에서 '도는 인간의 성품에 내재한 당연의 것'임을 말하고 있다. 이를 두고 박세당은 공자의 쉬운 말을 주자가 너무 어렵게 한다고 비판한다. 그 자체로서 쉽게 이해할 수 있는 말을 공연히 난삽한 성리학의 관념어를 빌려 어렵게 말하고 있다는 의미이다. 박세당의 학문에 대해 성리학 이전의 중국 한 대漢代의 유학에 접근하려 한다는 말도 아마 이런 예를 두고 나오지 않았을까 생각한다. 어떻든 경전 해석에서 최고의 권위를 인정받던 주자의 말을 박세당은 용기 있게 비판을 하고 있는 셈이다.

노장학에도 유용성을 인정

노장학老莊學, 즉 노자와 장자의 사상을 연구하는 학문은 당시에 아주 금기시했다. 조선이 체제이념으로 유학을 적극 내세운 이유도 있겠지만, 무엇보다 이 무렵에 보이는 학문의 경직화가 다른 어느 때보다 심했기 때문이다. 하지만 조선 전기인 세종, 세조, 성종 대에는 왕이 노장학에 대한 공부를 오히려 장려한 측면이 있다. 세종은 『장자』를 인쇄해 문신들에게 나누어 주었으며, 세조는 이 책과 함께 『도덕경』을 신하들에게 강론하도록 했다. 성종도 신하들의 반대를 무릅쓰고 『장자』를 강론할 정도였다. 노장학 자체의 심오함이 압도적인 유학의 위세 아래에서도 생명력을 가질 수 있게 한 것이다. 율곡 이이가 『도덕경』을 연구하여 『순언醇言』을 지은 것도 그 점을 말해준다.

박세당도 노장사상의 유용성을 인정하고 있다. 『신주도덕경』을 지으면서 그 서문에서 "그 도道가 (공자, 맹자 등) 성인들의 법法과 합치되지는 않지만, 그 또한 수신修身과 치인治人을 하자는 것이고, 대개 그 요약된 말을 보면 매우 심오하다"고 했다. 그래서 주위 사람들의 만류를 뿌리치고, 『신주도덕경』은 물론 『남화경주해산보』(여기서 남화경은 『장자』를 말함)까지 저술한다. 하지만 박세당은 노자와 장자를 전혀 자유로운 입장에서 보지 못한다. 유학자의 입장에서 이들의 사상을 보는 면이 종종 있다. 『도덕경』 제1장에 나오는 '도'와 '명名'에 대한 해석에서 이러한 면이 드러난다.

> 도를 도라고 규정하면 참된 도가 아니고, 명을 명이라고 하면 참된 명이 아니다[道可道 非常道 名可名 非常名].
>
> 『도덕경』 제1장

이 문장만을 그대로 본다면 언어의 불완전성을 드러내는 것임을 직감할 수 있다. 우리가 '도'를 '도'라고 규정한다면 언어의 불완전성 때문에 도의 참된 의미와는 거리가 있게 된다. '명', 즉 이름을 짓는 것도 마찬가지다. 그 지어진 이름이 대상의 실체를 그대로 드러내기 어렵다. 언어의 불완전성이 그렇게 만드는 것이다. 이것이 위의 인용문에 대한 대다수의 생각일 수 있지만, 박세당의 생각은 다르다. 그는 성리학의 체體(본체)와 용用(작용)의 개념을 빌어 '도'는 체고, '명'은 용이라는 해석을 한다. 그래서 '도'는 명으로 용을 삼고, '명'은 '도'로 체를 삼는다고 한다. 제18장의 해석에서도 그런 면을 읽을 수 있다.

대도가 타락하면 인의가 있고, 지혜가 나오면 커다란 거짓이 있다

[大道廢有仁義 智慧出有大僞].

『도덕경』 제18장

『도덕경』의 이 구절을 얼른 보면 대도大道며 지혜라는 것에 대한 노자의 반감을 알 수 있다. 작위적인 것을 배척하려는 그의 사상이 그대로 느껴지는 셈이다. 하지만 박세당은 이에 대하여도 유학자의 입장에서 해석을 한다. 대도가 타락해서 세상이 어지러울 때 인의가 있고 그것이 소중함을 알게 된다는 것이다. 노자의 의도가 어떻든 애써 인의의 중요성을 강조하려는 유학

자 박세당의 뜻이 보인다. 재미있는 것은 뒷부분인 "지혜가 나오면 커다란 거짓이 있다"에 대하여는 아무런 해석을 하지 않고 있다는 점이다. 어쩌면 유학의 입장에서 해석하기 어려운 점이 있어서가 아니었을까 하는 생각을 해본다.

노자에 비해 그가 호의적으로 보는 장자를 해석하는 데도 유학자의 입장을 드러내고 있다. 『장자』의 「제물론齊物論」에 나오는 "대저 그 성심을 따라 스승으로 삼으면, 누구인들 스승이 없겠는가[夫隨其成心而師之 誰獨且無師乎]"에서 '성심'을 두고 그는 성리학적인 해석을 한다. "성심은 하늘이 정한 이치로 내 마음에 부여된 것"이라고 이야기한다. '성이 곧 이'라는 명제 아래에서 '성품은 하늘이 내게 부여한 것'이라는 성리학의 지론을 그대로 답습하고 있는 것이다. 그는 또한 이러한 성심은 누구에게나 있는데, 많은 사람들이 '자사自私', 즉 자기의 사적인 것으로 인해 저쪽은 틀리고 나는 옳다고 한다고 본다. 성심이 그 때문에 방해를 받는다는 말이다. 이 역시 사사로움에 가려 온전한 도덕성의 발휘가 어렵다고 보는 성리학적인 사고방식의 표현이다. 성리학을 비판하면서도 그 틀을 완전히 벗어나지 못하는 사유의 한계를 보여주는 셈이다.

박세당과 민주주의

박세당은 그의 아들들에게 항상 신중하도록 당부했으나 송시열 일파와의 불화로 비운을 자초한 데서 볼 수 있듯이 자신에 대한 주의와 성찰은 부족했다.

현종 때 병조판서를 지낸 김좌명金佐明이 그의 부친인 김육金堉의 묘를 왕릉식으로 만들어 문제가 되었을 때 박세당은 김좌명을 옹호하고 나섰다. 그의 처벌을 낮추고 묘도 훼손해서는 안 된다는 주장을 한 것이다. 평소에 김좌명과 가까웠던 이유가 있었겠지만, 국가질서와 관련된 군신 간의 위계가 걸린 문제에서 논의의 타당성을 잃은 것으로 보인다.

박세당은 반대파에 대해 편협한 면이 있었고, 자기와 가까운 사람의 잘못을 시정하는 데에는 이처럼 모자라는 점이 있었다. 『장자』를 해석하면서 자기의 사사로움을 버리고 본연의 성심을 가져야 한다고 역설했지만, 그 역시 인간이기에 그렇지 못한 면이 있었던 것이다.

그러나 민주주의와 관련해 본다면 그가 보여준 반론의 정신은 참으로 값지다. 자신의 뜻이 성취될 가망이 없다고 보았을 때 그는 과감하게 관직을 버렸다. 정부에 반론을 제기하고 야인으로 돌아간 뒤에는 당시의 양반들과 달리 직접 농사를 지으며 살았다. 양반이라는 이유로 노동을 하지 않으며 생활하는 다수의 특권 계층에 행동으로 반론을 편 셈이다. 그는 『사변록』을 저술하여 주자학에 반기를 들었는데 이 또한 기존의 통설에 대한 반론으로 이루어진 것이다. 유학자라면 금기로 여기다시피 하는 노자와 장자에 대한 연구도 유학 일변도의 학문 풍토에 대한 반론에서 비롯된 것이라고 보아야 한다.

민주주의는 소수의 반론을 존중하는 바탕에서 이루어지는 생활 방식이며 체제이념이라 할 수 있다. 인간의 불완전성을 인정하고 최대한 그것을 보완하려는 의도에서 민주주의는 반론을 장려한다. 의사 결정 방식으로 다수결을 택하지만 그래도 소수의 반론을 여전히 무시하지 않는 곳에 민주주의의 강점이 있기도 하다. 언론의 다양성을 존중하고 복수정당제가 채택되며 삼권분립제가 기능하는 이유도 반론이 가지는 의미를 잘 살리려는 의도와 무관하지 않다. 이런 점에서 박세당이 보여준 반론의 정신은 유의해볼 가치가 있다.

그래서 민주주의를 화두로 삼을 때 박세당은 그와 거의 같은 시대를 산 영국의 존 로크J. Locke(1632~1704)와 비교할 수 있다. 로크는 『통치론Two Treaties of Government』에서 정교하고 체계적인 민주정치의 구도를 정립했다. 민중의 동의를 바탕으로 권력분립이 이루어지는 정부, 하지만 그 정부가 권력을 남용할 경우 민중의 저항권을 인정한 것 등이 그렇다. 로크가 인정한 저항권은 국민들의 반론을 인정하는 것이라는 점에서 박세당과의 유사성을 확인할 수 있는 것이다.

그런데 로크의 민주정치론은 영국의 민주적 정치 유산, 그리고 유럽에서 이어져 내려온 그와 관련된 정치사상과 무관한 것으로 볼 수 없다. 영국에서는 13세기 초에 이미 「대헌장」을 통해 민권 존중의 전통이 생겨났고, 국민 의사를 대변하는 의회도 로크 이전에 이미 존재했다. '폭군방벌론暴君放伐論'이 16세기에 등장하여 절대권력에 대한 국민들의 저항을 정당화하는 작업도 이미 있었다. 카를 마르크스Karl H. Marx(1818~83)의 공산주의 사상에서도 그렇듯 로크의 민주정치론도 그 앞의 정치 내지 사상적 자산에 힘입은 것이다. 하지만 박세당의 환경은 로크와는 달랐다. 그가 살던 시대에는 500여 년을 이어온 주자학이라는 엄청난 지적 자산에 거의 누구도 거세게 이의를 제기하지 못하고 있었다. 그러나 박세당은 과감하게 이에 도전하며 질주한 것이다.

더구나 반론의 절대성 내지 자기과신성을 그가 고집하지 않는 점도 신선하다. 박세당은 『사변록』에서, 『논어』의 「위정爲政」편의 "이단을 공부하면 단지 해로울 뿐이다[子曰 功乎異端 斯害也己]" 부분을 주자 등의 다른 주석자들과 달리 "이단이라도 공격이 지나치면 해로울 수 있다"로 해석한다. 어떤 주의, 주장을 잘못된 이단으로 규정하고 반론을 내세우고 공격하더라도 그게 지나치면 좋지 않다는 말이다. 하지만 박세당은 위 구절에 대한 자신만의 독창적 해석을 이야기하면서도 "그러나 또한 꼭 그렇다고 감히 내가 자신하지는 않는다"고 했다. 모든 주의, 주장에 개재되기 쉬운 맹목적 자기과신성에 대하여 이 역시 좋은 금언이 될 수 있을 것이다.

4장

용기와 확신으로
가득 찬
'행복한 이단자'

정제두

행복한 이단자

언제, 어디서나 소위 이단으로 규정될 수 있는 사상을 신봉한 사람들은 동서고금을 막론하고 대개 목숨을 온전히 보전하지 못했다. 주자의 학설을 비판한 윤휴가 그러했고, 불교를 믿는다는 이유로 많은 비난을 받다가 결국 사형을 당한 허균許筠(1569~1618)이 그러했다. 중국 명 대의 이지李贄는 공자와 주자를 평가절하하는 등의 이단적 행동을 하다가 결국 감옥에서 자살로 생을 마감했다. 그리스의 소크라테스도 일종의 이단적 행동 때문에 사형을 당했다고 해도 과언이 아니다. 하지만 주류에서 벗어난 모든 사람이 비극으로 생을 마감한 것은 아니다.

호가 하곡霞谷이고 자가 사앙士仰인 정제두鄭齊斗(1649~1736)는 당시에 금기시하던 양명학陽明學을 연구했으나 위의 사람들과는 다른 생을 살았다. 왕(영조)에게 극진한 대우를 받았으며, 반대파들의 음모에 희생당하는 불행도 겪지 않았다. 물론 양명학에 대한 자신의 신념을 꺾은 것도 아니다. 바로 이런 점에서 그는 여느 이단자와는 다른 '행복한 이단자'라 할 수 있겠다.

서울에서 강화도까지

서울에서 태어난 정제두는 60대 이후 강화도에서 살다가 세상을 떠났다. 그의 학통을 이어받은 이른바 강화학파江華學派가 형성된 것도 물론 이러한 지연地緣과 관련이 있다.

정제두가 태어난 1649년은 효종이 즉위한 해다. 나라 전체는 청나라에 대한 복수를 다짐하고 있을 때였고, 학계는 주자학이 이념화하여 더욱 맹위를 떨치고 있을 때였다. 정제두의 스승 격이며 주자학의 절대적 신봉자인 우암 송시열은 마흔셋의 장년으로 아직 본격적으로 관직에 나오지 않은 때였고 반反주자의 포문을 연 윤휴는 서른셋으로 재야에서 한창 학문에 열중하던 시기이기도 했다. 양명학은 이들보다 앞선 세대의 최명길과 장유張維(1587~1638) 등에 의해 얼마간 연구되었으나, 아직까지 눈에 띨 만한 진척은 없었다. 당시의 정국은 서인들이 주도하고 있었는데, 정제두의 집안도 서인 당색이었다.

그리고 짚고 넘어가야 할 일이 하나 있는데, 그것은 정제두가 태어나기 1년 전(1648)에 일본 양명학의 기틀을 세운 나카에 도주[中江藤樹]가 죽었다는 사실이다. 조선의 양명학이 정제두에 의해서 체계화가 되었음을 생각할 때 이는 일본에 비해 그만큼 연구가 늦었음을 말해준다. 일본은 나카에의 사후 '도주학파'를 형성하여 꾸준히 양명학을 발전시킨 데 비해 조선은 그렇지 못했다. 정제두의 생전에는 물론 그가 죽은 뒤에도 쉬쉬하면서 양명학을 공개적으로 논의하기를 꺼렸다.

정제두는 다섯 살 때 부친(정상징鄭尙徵)을 여의고, 우의정을 지낸 조부 정유성鄭維城 밑에서 자랐는데, 조부 역시 그가 열여섯이 되던 해에 세상을 떠났다. 자칫 공부가 아닌 옆길로 빠지기 쉬운 환경이었지만, 그는 착실했고 머리도 좋았다. 17세기 기호학파畿湖學派의 유명한 선비인 송춘길宋春吉이 어렸을 때의 그를 보고 장래를 크게 촉망할 정도였다고 한다.

스물넷에 정제두는 생애의 결정적인 전기轉機를 맞이한다. 이 해에 별시別試(나라에 특별한 일이 있을 때 실시하던 과거시험)의 초시初試를 보아 합격했으나 전시殿試(왕 앞에서 치르는 시험)에서 낙방한 것을 계기로 과거를 포기한 것이다. 이 사실은 그의 연보에 의한 것인데, 제2차 시험인 복시覆試에서의 낙방을 '전시'로 잘못

기록한 것이 아닌가 싶다. 왜냐하면 복시에서 최종합격자들이 결정되고, 전시는 단지 그들의 등급을 결정하는 요식의 의미밖에 없었기 때문이다. 어쨌든 그가 과거를 포기한 것은 학문에 대한 정열이 가장 큰 원인이겠지만, 당시 정국도 작용했을 것으로 보인다. 연산군 이후 끊이지 않는 사화士禍와 선조 이후 피를 부르는 정쟁 속에 그는 몸을 담그고 싶지 않았을 것이다. 물론 생활을 유지할 수 있는 재산도 충분했을지도 모른다.

그의 독서 범위는 광범했다. 유학은 물론 제자백가의 설을 모두 섭렵했으며, 그에 대한 후세 학자들의 세세한 주석까지 공부할 정도였다. 그는 기억력이 특히 뛰어나서 한번 읽고 공부한 것은 작은 주註라도 잊지 않았다고 한다. 그의 박식함 때문인지 과거에 합격한 적은 없지만, 서른둘과 서른넷에는 각각 궁중의 원예를 담당하는 사포서 별제司圃署別提와 왕실의 족보 편찬과 왕족들의 비리를 감찰하는 기관인 종부시의 주부宗簿寺主簿에 임명되기도 했다. 하지만 종부시 주부는 당시 앓던 병으로 인해 취임하지 못했다. 이해 12월 그는 유언까지 남길 정도로 심하게 병을 앓은 것이다. 그때 그가 남긴 유언인 「임술유교壬戌遺敎」에는 자신의 장례를 간소하게 할 것과 부인의 가사참여 금지 등의 내용이 보인다. 가사에 여자의 참여를 제한한 것을 보면 상당히 보수적인 지식인이라는 느낌이 든다. 후에 보게 되듯이 그는 매우 진취적인 견해를 가지고 있었던 반면 한편으로는 이같은 보수적 입장도 가지고 있었다.

정제두가 언제부터 양명학을 공부하게 되었는지는 정확히 알 수가 없다. 그러나 그의 스승인 박세채朴世采(1631~95)가 「여정사앙與鄭士仰」에서 "(정제두가) 양명학을 시작한 지 이미 8년이 되었다"고 언급한 것으로 보아, 당시 정제두가 서른아홉이었으니 유추하면 서른하나부터 시작한 것으로 짐작할 수 있다.

유학의 한 학파이며, 중국 명 대의 왕양명王陽明(1472~1528)이 창시한 양명학은 정제두 이전에 조선에 소개되었다. 그러나 전래된 시기에 대해서는 설이 분분한데, 분명한 것은 16세기가 되면서 양명학에 비교적 적극적인 관심을 가진 사람들이 나타나고 있다는 사실이다. 서경덕의 제자인 남언경南彦經과 그의 제자인 경안령慶安令 이요李瑤, 허균許筠, 최명길, 장유 등이 이미 양명학을 알고 있었던 것이다. 이수광李睟光(1563~1628)의 『지봉유설芝峰類說』 중 「학문」에 "그 학설(양명학)이 간단하고도 쉬워서 한때 많은 학자들이 따랐다"는 내용으로 보아 앞의 인물들 외에도 양명학에 관심을 표한 사람들은 많았던 듯하다. 하지만 '한때'라는 표현이 있는 것을 보아 양명학을 계속 연구한 사람은 많지 않았던 것 같다. 이는 조선을 지배하고 있는 주자학과 그에 기인한 폐쇄적 학문 풍토 때문이었다.

그러나 정제두는 그에 굴하지 않는 용기와 확신으로 양명학 연구의 길을 걸었다. 물론 그의 양명학 연구를 만류한 사람들은 적지 않았다. 박세채를 비롯해 윤증尹拯(1629~1714), 친구인 민이승閔以升(1649~98)과 최석정崔錫鼎(1646~1715) 등이 양명학을 버리도록 그에게 권유했다. 만남, 서신 등을 통한 양명학에 대한 이들과의 논변은 대략 그의 나이 30대 중반부터 50대 후반까지 긴 시간을 두고 벌어지지만 그는 흔들리지 않는다.

양명학에 대한 불굴의 신념 때문이기도 하지만, 주관이 강한 성품도 여기에 작용했음이 틀림없다. 자기 생각에 맞지 않으면 사리가 어떻든 고집대로 하고야 마는 성격을 그는 가지고 있었다. 그의 성정을 알 수 있는 일화가 있다. 그가 경기도 평택의 현감으로 부임했을 무렵이다. 사양하다가 마지못해 간 자리이기도 했으나 단 두 달 만에 이를 박차고 집으로 돌아왔다. 그의 나이가 마흔 때의 일이다. 우계牛溪 성혼成渾(1535~98)과 율곡 이이의 위패가 문묘文廟(공자를 모신 사당)에서 치워졌기 때문이다. 기사환국으로 서인이 정계에서 축출당하는 과정에서 그들의 '선배'들 역시 일종의 '박해'를 받은 것이다. 게다가 서인이 지지하는 인현왕후마저 폐출을 당했으니 서인 계열인 정제두로서는 심사가 뒤틀릴 만도 했다. 하지만 일에는 절차가 있는 법이다. 직속상관인 경기도 관찰사에게 그 사유를 밝히고 자리를 떠

정제두 묘 | 훗날에 세운 비석의 글은 순조 때 각각 호조참판과 영의정을 지낸 신대우가 짓고 서용보가 썼다. 인천시 강화면 소재.

나는 게 합당한데 그렇게 하지 않았다. 정국에 대한 불만의 표시지만, 결기가 없다면 할 수 없는 행동이다. 이로 인해 문초도 받지만 결국 큰 문제없이 풀려나는 것으로 끝이 난다.

그래도 그에게는 계속 관직이 주어진다. 50대 이전에도 평택현감 외에 여러 관직을 제수 받았고 그 이후에도 상령군수, 사헌부장령司憲府掌令, 호조참의戶曹參議, 강원도 관찰사, 사헌부 대사헌大司憲, 이조참판吏曹參判, 성균관좨주成均館祭酒, 세자시강원찬선世子侍講院贊善, 의정부 우참찬議政府右參贊, 원자보양관元子輔養官, 의정부 우찬성右贊成 등에 임명되었다. 여든여덟, 생을 마치던 해에도 세자이사世子貳師에 임명되었으니 타고난 관운인 셈이다. 지금의 인천시 강화군 양도면 하일리의 진강산에 마련된 그의 무덤에는 "조선 의정부우찬성겸세자이사성균관좨주시문강공정선생제두지묘朝鮮議政府右贊成兼世子貳師成均館祭酒諡文康公鄭先生齊斗之墓"라는 글이 새겨진 비석이 있다. 사양을 거듭했어도 관직은 이렇게 무덤까지 따라와 있는 것이다.

왕양명의 양명학

왕양명이 자신의 독자적 학문을 열게 된 것은 서른일곱 때이다. 그는 그동안 도교와 불교에 빠졌으나 만족을 하지 못했고, 주자학도 공부했으나 역시 실망만 느꼈다. 그의 사상적 단서는 『대학』에 나오는 격물치지格物致知에 대한 깨달음에서 비롯된다. 요컨대 성현의 도는 모두 내 안에 구비되어 있으니 밖에서 이치를 구할 필요가 없다고 생각하게 된 것이다. 양명학의 종지宗旨인 '심즉리心卽理', 즉 마음이 이치(혹은 원리, 근본)라는 학설이 여기에서 나온 것인데, 이로써 밖의 개개 사물에서 이치를 구하는 주자학과 다른 길을 가게 된다. '심즉리'에 대해 그는 자신의 저술인 『전습록傳習錄』 권 상, 「서애록徐愛錄」에서 이렇게 말한다.

> 아버지를 섬김에, 아버지의 위에서 효도의 이치를 구하면 이루어지지 않고, 임금을 섬김에, 임금의 위에서 충성의 이치를 구하면 이루어지지 않는다. 또 친구와 사귀고 국민을 다스림에도 친구와 국민의 위에서 신의와 인애仁愛의 이치를 구하면 이루어지지 않으니, 이 모든 것이 오직 이 마음에 있는지라, 마음이 곧 이치인 것이다.

이듬해인 서른여덟에는 여기서 한 걸음 더 나아가 지행합일설知行合一說을 이야기한다. 주자학에서는 선지후행설先知後行說을 주장하지만, 왕양명은 지식과 행동이 별개일 수 없다고 생각한 것이다. 지식은 행동을 떠나 있는 것이 아니라 행동을 통해 지식이 이루어질 수 있다고 보는 입장이었다. 이에 대해 그는 『전습록』권 하에 있는 「황이방록黃以方錄」과 「답고속교서答顧東橋書」에서 다음과 같이 말한다.

　○ 내가 지금 말하는 지행합일은 한 생각의 발동처가 곧 행이라는 것을 사람들이 바로 알아야 한다는 것이다.
　○ 대개 배움에서 의심이 없을 수 없기에 물음이 있게 되는데, 묻는 것은 곧 배움이요 행이다. 또 의심이 없을 수 없으면 생각이 있게 되는데, 이 생각하는 것은 곧 배움이요 행이다.

　왕양명은 인간의 마음 작용, 예컨대 어떤 의도가 일어나는 것부터 그는 행동으로 보는 것이다. 이런 입장이므로 마음속에서는 나쁜 생각을 하면서도 겉으로 도덕군자인 체하는 것은 용납될 수가 없다. 주자학의 선지후행설에서 말하는 행동이 의미하는 '먼저 알고 난 후의 실천적 행동'과는 차이가 있는 것이다. 「서애록」에서 지행합일을 두고 "알고서도 행하지 않는 자는 없으니, 알고서도 행하지 않는다면 이는 모르는 것이다"라고 이야기하기도 한다. 가령 효도가 무엇인가를 마음속으로 알았다고 해도 이를 실천하지 못한다면 이는 효도를 모르는 것이라는 말이다. 절실하게 효도를 느끼고 안다면 행동으로 나타나지 않을 수 없다는 의미다.

그가 심외무리心外無理, 심외무물心外無物, 심외무사心外無事라는 말을 한 것도 동일한 관점에서 이해할 수 있다. 마음에서 이치가 나오고, 효, 우애, 충성 등의 도덕이 하나의 물物이고, 일[事]인데, 마음 밖에서 이것들이 이루어질 수 없다는 의미다. 다시 말한다면 마음이 하나로 순수해지면 도덕적인 물과 일을 행동으로 표출하지 않을 수 없다는 뜻이다.

쉰이 되자 그는 치양지설致良知說을 역설하기 시작한다. 치양지란 양지良知를 다한다는 말인데, 「서애록」에서 그는 양지에 대하여 이렇게 말한다.

지知는 마음의 본체인데, 마음은 (사물에 대하여) 자연히 안다. 아버지를 보면 자연히 효도를 알고, 형을 보면 자연히 우애를 알며, 어린애가 우물에 빠지는 것을 보면 자연히 측은함을 알거니와 이것이 곧 양지이다.

즉, 양지는 사람마다 가지고 있는 것이다. 왕양명에 의하면 이 양지에 이르고[至], 그것을 다하는 것[盡]이 치양지라고 한다. 그는 치양지의 방법으로 사상마련事上磨鍊을 강조한다. 각자가 하는 일상의 일 속에서 양지를 다하라는 의미로, 주자학에서 말하는 거경궁리居敬窮理가 정靜적인 면이 강한데 비해, 이것은 동動적이라는 평을 듣는 것도 그 때문이다. 그러나 사상마련이 제대로 이루어지려면 그 마음 자세에서 정적인 면을 도외시할 수 있는 것인지 의문이다.

양명학이 진리라는 믿음

이제부터는 정제두의 사상에 대해 살펴보기로 하자. 양명학과 관련한 정제두의 글 중에서 특히 관심을 끄는 것은 단연 「학변學辯」과 상·중·하로 되어 있는 「존언存言」일 것이다. 이외의 철학 관련 글에서도 양명학의 내용이 없는 것은 아니지만, 중요도에서 떨어지는 편이라 할 수 있다. 「학변」과 「존언」은 정제두의 나이 마흔셋에 이루어진 것으로 추정되는데, 그 분량은 많지 않다. 그러나 간명한 가운데 양명학에 대한 그의 견해가 여기저기에 나타나 있어 그것들을 몇 가지 소개하고자 한다.

○ 박학이라는 것은 이 마음의 천리天理(인간이 타고나는 순수한 성품) 보존하기를 배우는 것이다. 이 마음의 천리를 보존한다면 배우면서 행하지 않는 사람이 없거니와, (그러나) 행하지 않는다면 배우는 사람이라고 할 수 없다. _「학변」

○ 마음과 이치가 두 가지 일이 아니라고 하는 것은 지知를 두고 하는 말이고, 본체로서 말을 한다면 지가 행이고, 행이 또한 지여서 두 가지가 아니다. _「존언」 중

○ 혹 지라 하고 혹 행이라고 하여 둘로 가르는 것은 욕심에 가려 온전하지 않은 것이다. 지와 행은 하나로서 본체다. …… 생각하고, 배우고, 행동하는 것을 각기 다르다고 하여 대본大本을 잃는다면 이는 공부하는 본원本源이 아니다. 생각하고, 배우고, 행하는 것은 하나로, 공부하는 본체다. _「존언」 중

○ 무릇 내게 있는 사단四端(측은惻隱, 수오羞惡, 사양辭讓, 시비是非를 하는 마음)이 양지다. 사람들이 모두 이것을 가지고 있는데, 잘 살펴서 지로 이루지 못하는 사람들이 많다. 능히 크게 펼쳐서 다 할 수 있다면 이것이 치지致知다. _「존언」 하

내용이 평이하므로 여기에 별다른 설명을 더할 필요는 없을 것 같다.

정제두의 사상은 선배, 친우들과 오간 서신 왕래를 통해서도 나타나는데, 그중 민이승과의 논변에서 두드러지게 나타난다. 동갑인 두 사람은 주로 마흔 무렵에 격렬한 논쟁을 벌이고 있다. 정제두는 자꾸 자신을 공박하는 민이승에게 어느 편지에서 이렇게 말한다.

그러므로 천지만물에서 사람의 일에 관여하는 것은 그 이치가 원래 모든 것이 물에 정해져 있어서 사람이 찾아서 배우는 것이 아니라네. 사물에 따라 이치를 만들고, 때에 따라 사물을 처리하는 것은 진실로 오직 우리의 한 마음에 있는 것이야. 어찌 마음 밖에서 달리 구할 이치가 있겠는가?

인식의 주체인 우리 마음에 사람과 관련하는 사물들을 알 수 있는 이치가 있으니 사물에서 이치를 구하지 말라는 것이다. 이는 왕양명이 말한 심즉리의 내용을 설파한 셈이다. 그는 민이승에게 양지에 대한 설명도 한다.

대개 사람의 생리生理는 능히 밝게 깨달아 스스로 두루 통달하여 어둡지 않은 것이 있으니, 그래서 이에 능히 측은할 줄 알고, 수치스러움과 싫어함을 알며, 사양하고 시비를 가릴 줄 알아서 능하지 않은 바가 없으니 이것이 그 고유의 덕으로 소위 양지인 것이요. 또한 이른바 인仁이라네.

사단과 인이 양지라는 말인데, 여기서 인은 의義·예禮·지智를 포괄하는 개념으로 사용된 듯하다. 이외에도 정제두는 양지를 두고 측은한 마음, 아파하고 괴로워하는 것, 측은한 마음의 본체, 덕으로 말하면 인, 명덕明德, 성선聖善 등으로 다양한 표현을 하고 있다. 왕양명이 양지를 가리켜 시비지심是非之心, 천명지성天命之性, 하늘, 마음의 본체, 지선至善, 규구規矩, 역易, 도심道心, 실리實理, 성誠 등으로 말하는 것과 마찬가지다. 그만큼 양지가 폭 넓은 개념을 가진 것 때문이겠지만, 그렇더라도 좀더 논리적인 정의가 있었으면 하는 아쉬움이 있다.

정제두는 때로 인간 외의 것, 예컨대 식물에 대해서도 이 용어를 쓴다. 아름다운 나무가 능히 피어나고 자라서 무성해지는 것은 그 양지, 양능良能이다는 말을 하고 있는 것이다. 이 경우는 양지라기보다 바로 위의 인용문에서 나온 생리라고 해야 어감으로 보아도 좋을 것 같은데, 용어가 적절치 않다는 생각이 든다. 양명학의 입론에 따라 사람과 만물이 불가분의 관계를 가졌다고 보는 입장에서 그렇게 말한 것인가 생각해본다.

여기서 논변을 벌인 민이승에 관해서 한 가지 특기할 일이 있다. 그는 정제두가 양명학을 하는 것에 극도의 혐오감을 가지고 있었지만, 주위 사람들에게 정제두의 학문 수준에 관해서 말할 때면 칭찬을 아끼지 않았다. "학문의 넓이를 가지고 말한다면 혹 옛사람에게 손색이 다소 있을지 몰라도, 깊이 있게 들어가 자득自得한 지취旨趣에는 그(정제두)가 지금 세상에 제1인자일 것이오"라고 할 정도였다.

선구자인가 수구파인가

17, 8세기의 학문 풍토에서 보자면 정제두는 '진보'의 입장에 속한다고 볼 수 있다. 그 시대 대부분의 유생들이 주자학을 신봉했음을 생각하면 그렇게 보지 않을 수 없다. 그러나 사회사상의 측면에서 보자면 이상하게도 그는 진보와 수구적 보수의 양면성을 보인다.

그의 문집에 실린 「차록箚錄」에 보면 노예제의 폐지와 과부의 개가 허용을 주장하는 내용이 들어 있다. 이외에도 그는 한전제限田制를 실시함으로써 지주들의 토지 소유에 제한을 두고, 과거제의 폐지, 아전에 임금을 지급함으로써 그들에 의한 부정을 방지할 것 등을 요구했다. 더불어 무위도식하는 선비들에게 농사일을 시키자는 등의 주장에서 당시의 시대상황에 다소 앞서가는 그의 생각을 엿볼 수 있다. 그러나 한편으로는 아주 지독한 보수적 입장을 보이기도 한다. 그가 자손들에게 지켜야할 법도로 남긴 「가법家法」에는 이런 내용들이 있다.

○ 비첩婢妾(첩이 된 여자종)의 무리는 천대할 것이며, 첩의 예로 대해서는 안 된다.

○ 주인은 존중하고 노비는 억눌러야 한다.

○ 청소나 하고 심부름하는 사람(노비들을 가리킴)이 어찌 도를 행

하고 식견을 펼 만한 것이 있겠느냐? 그러므로 오직 마땅히 (그들을) 준엄하게 막고 가정의 법도를 엄숙하게 할 뿐이다.

○ 주인 아이가 비록 어리고 노비는 어른이라도 반드시 (주인 아이가 어른 노비의) 죄를 물어 때리고, 심부름을 시켜서 어릴 때부터라도 주인으로서 행사할 수 있는 권리가 그 손에 있도록 하여라. 그렇지 않으면 후에 반드시 반항할 것이다.

비교적 진보적인 견해를 표방했던 사람이 어떻게 이런 말을 할 수 있는 것일까? 이러한 모순을 두고 오늘날의 학자들은 여러 가지로 해석을 시도한다. 신구사상이 교체하는 시대적 특성이나 그의 사상에서 보이는 복고와 시세 추이를 따르는 성향을 들어 설명도 한다. 그러나 이 문제는 좀더 거시적인 차원에서 볼 필요가 있을 듯하다. 인간은 누구나 모순 없는 한 평생을 살기가 쉽지 않다. 그 자신이 불륜을 저지르면서도 남의 불륜을 비난도 할 수 있는 게 인간이다. 실로 인간은 거짓과 참을 얼마든지 필요에 따라 자기 안에서 뽑아내 쓸 수 있는 존재이다.

정제두의 진보와 보수의 모순성도 그런 점에서 볼 수 있다. 그는 지행합일을 주장했지만 그대로 실천하지는 못했다. 예컨대 인현왕후가 폐출되는 사태를 보면서도 직접적으로는 이에 아무런 행동을 보이지 않았다. 이 시기에 평택현감을 내팽개치는 것으로 항의의 뜻은 표한 셈이지만, 이는 그것과 별개의 문제로 인한 것이다.

그는 없어진 명나라의 연호 사용을 고집하는 명분론자들과 달리 청나라의 연호 사용을 주장하는 등 매우 실제적인 사람이었다. 청 황제의 사신이 오면 무릎 꿇고 절하는 궤배도 하자는 과감한 주장도 했다. 그러나 막상 눈앞의 큰일에는 뒤로 물러서는 면이 있었다. 입으로는 진보, 행동으로는 보수의 틀을 벗어나지 못한 것이다. 어쩌면 인간 누구나 저지를 수 있는 모순성과 그가 지닌 기질의 소극성이 결국 서로 융화하기 어려운 진보와 보수의 양면성을 동시에 보이도록 한 것일지도 모를 일이다.

아름다운 노년

아름다운 노년을 살 수 있어야 인생은 멋이 있다. 병, 가난, 각박한 마음씨, 타인들의 손가락질 등 좋지 않은 일이 없어야 노년은 행복하고 인생이 아름답다. 그런 노년을 일컬어 '황금의 노년golden old days'이라고 할 수 있다면, 정제두야말로 어느 정도 이 같은 노년을 지낸 셈이다.

다만 '처복'이라는 점에서 본다면 그는 별로 행복하지 못했던 편이다. 열일곱에 결혼한 첫 부인 윤씨와는 스물셋에, 그리고 스물여섯에 재혼한 서씨와는 쉰둘에 각기 사별하는 아픔을 겪었다. 이후로는 다시 결혼을 하지 않은 채 근 40여 년 동안을 혼자 지냈으니 부부운은 없었던 셈이다. 하지만 그렇게 쓸쓸한 노년을 그는 헛되이 보내지 않았다. 예순 이후에는 더욱 열심히 책을 읽고 저술에 몰두한다. 『심경집의心經集義』, 『경학집록經學集錄』, 『하락역상河洛易象』 등의 무게 있는 책들을 이때 저술했다. 노년의 외로움을 달래며 끊임없이 밀려오는 시간을 저술에 쏟은 결과인 것이다.

모난 성품이 아닌 데다 별나게 튀는 행동이 그에게는 없었다. 양명학을 하면서도 두드러지게 주자학을 공격하는 등의 과격한 면은 보이지 않았다. 양명학이나 주자학 모두 궁극적인 목표에서는 다를 것이 없다는 게 그의 입장이었다. 당색으로는 서인 계열의 소론에 속했지만, 정제두는 이 역시 특별히 드러내는 편이 아니었다. 정치 문제에 대해 굳이 논평을 하지도 않았다. 이렇게 함으로써 당쟁에서 필연적으로 파생되는 자신의 학문적 입지에 대한 공격을 그는 차단할 수 있었다. '반대파를 자극하지 않는 여유로움', '노NO의 생각을 가지면서도 그것을 부드럽게 포장해 보일 수 있는 슬기!' 이것을 그는 생활에서 외피外皮로 붙이고 살줄 알았던 것이다. 끊임없는 사색으로 80대에 들어서는 더욱 원숙한 사상의 경지를 보여주고 있기도 하다.

○ 내가 양명학을 보니 그 도가 간단하면서도 요령이·있고 정밀
한지라 마음 속으로 깊이 좋아하였는데, 신해년 6월에 마침 동
호東湖에 가 자면서 꿈에 홀연 왕씨의 치양지학이 심히 정밀하
지만, 그 폐단은 혹 임정종욕任情縱欲(정에 따라 마음대로 욕망을 추
구하는 것)의 근심이 있을 것으로 생각했다. _「존언」 하

여기서 말하는 신해년은 그의 나이 여든셋 때다. 노숙한 경지
에 들어 응당 할 수 있는 우려의 뜻을 나타내고 있는 것이다. 위
의 말을 좀더 잘 이해하기 위해서는 중국 양명학에서 나온 소위
현성양지론現成良知論을 볼 필요가 있다. 이 말은 글자 그대로
현재 완성되어 있는 양지에 대한 논의를 말하는데, 왕양명의 제
자인 왕기王畿에게서 나온 것이다. 왕기에 의하면 양지는 별다
른 배움이 없어도 현재의 시점에서 완성되어 있는 것이라고 한
다. 그러므로 현재의 양지를 두고 보자면 사람은 누구나 성인이
라고 본다. 왕양명 자신이 성인과 범부의 구별 없이 양지를 공
유하는 것이라고 했으므로 왕기의 말이 근거가 없지는 않다. 그
러나 이렇게 되면서 사람들은 누구나 성인을 자처할 수 있게 되
어 "거리에 가득한 사람들 모두가 성인이다滿街人是聖人]"라는
말까지 나오게 되었다.

성인이 못 되는 사람들이 현재의 양지가 완전한 것이라는 이

유로 성인을 자처한다면 그 결과가 어떤 것인가는 분명해 보인다. 정제두는 이를 우려했다. 그래서 윤리와 예법을 강조했지만 이것으로 문제가 아주 해결될 수 있는 것은 아니다. 예법이나 윤리도 결국 양지에 의해서 밝혀지는 것인데, 양지 자체가 각 개인에게 속하는 것인 이상 무엇으로도 그것의 타락상을 막기는 어려울 것 같다. 인간의 마음과 관련된 문제에서 완전한 해결책은 없어 보인다.

정제두는 평생을 가난하게 살았고 탐욕을 부리지 않았다. 『강화읍지江華邑誌』에 의하면 그가 사는 집이 너무나 초라해서 그 당시 유수留守로 있던 민진원閔鎭遠(1664~1736)이 그의 집을 지어주었다고 한다. 노론에 속하는 민진원이 반대파인 정제두에게 이런 호의를 베풀고 있는 것이다. 정제두의 모나지 않은 인품을 짐작할 수 있는 일이다. 관직을 바라지 않았지만, 우찬성의 자리까지 오르며 왕(영조)의 존경을 받기도 한 그였다.

'배신자'라는 오명

사람들은 정제두와 송시열 두 사람을 사제관계로 인정하고 있다. 정제두 자신도 송시열의 제자임을 자처한 적이 있으므로(정제두의 문집인 『하곡집霞谷集』에 나오는 「상송우재서 계해上宋尤齋書癸亥」에 간접적으로 그의 제자임을 인정하는 내용이 있다) 이런 평가도 크게 잘못된 일은 아니다. 그가 어릴 때 가르침을 받은 스승들인 이찬한李燦漢이나 이상익李商翼 또한 송시열계의 학자들이었으므로 더욱 그렇게 볼 수 있다. 하지만 송시열의 제자들과 관련한 내용까지 담고 있는 『화양연원록華陽淵源錄』에 보면 정제두는 스승을 배반한 14인의 제자 중 하나로 되어 있다. 양명학을 했기 때문인 것은 불문가지다. 플라톤의 제자인 아리스토텔레스는 스승과 다른 학문의 길을 갔지만, 스승을 배신했다는 비난은 듣지 않았다. 송시열과 다른 학문을 했다고 하여 정제두를 배신자로 정의한 17, 8세기 당시의 편협성이 그저 안타까울 뿐이다.

지금 생각해보면 정제두는 배신자의 오명을 딛고 무엇인가를 이룬 점이 있어 보인다. 그것은 오로지 주자학이라는 하나의 학문만이 득세하던 당시의 학풍 속에서 가녀린 상태로나마 학문의 자유를 지켜낸 것이 아니었을까? 비슷한 처지였던 윤휴나 박세당 같은 비극적 최후도 맞지 않았으니 행운아라고도 할 수 있겠다.

소수이고 더구나 배신자로 낙인까지 찍히면 신세가 처량해지고 슬픈 운명이 따르기 십상이다. 반면 다수이고 그 중심의 인물인 경우 권위와 영화를 누리는 것도 흔히 볼 수 있다. 바로 이런 관점에서 정제두와 송시열의 생애를 보면 예외적이라는 느낌을 가지게 된다.

송시열의 경우 권력과 학문적 권위를 지니며 일세를 호령한 셈이지만, 유배를 두 번이나 가고 끝내는 사약을 받고 죽는다. 이에 비하면 정제두는 한 번도 유배를 간 적이 없을 뿐더러 노년도 아주 좋은 편이었다. 여든여덟이던 음력 8월 11일에 마치 죽음을 예견이라도 한 듯 평상을 펴게 한 뒤 그 위에서 조용히 운명했다. 자손들에게 당부하는 말을 모두 했고, 약간의 설사 외에는 그를 힘들게 한 병도 별로 없었다. 강화도의 양도면 하일리 하우고개 인근에 있는 〈하곡 정제두선생 숭모비〉가 세워져 있는 그 터에서 그는 평안한 죽음을 맞았던 것이다.

화폐와 상업을 반대한 것의 음미

대개 전화錢貨가 발행되어 이미 경보輕寶(무게가 가벼운 동전)로 국민들의 이용이 편해졌으며, 이익의 근원이 한번 열리자 …… 서민들은 본업(농업)을 버리고, 선비는 평상의 본분을 잃었으며, …… 삼척동자라도 이익을 도모할 줄 알아서 (인간으로서의) 본성을 잃었습니다. 깊은 산골에서도 역시 모두가 이익을 좇아가 그 업무를 잃고, 윤리는 모두 망했으며, 도적은 날로 일어나, 국민들은 본성을 잃고 나라의 (건전한) 습속은 없어져 오늘의 우리나라는 전체가 지난날의 우리나라가 아닙니다. 나라라고 해도 습속이 없어졌는데, 나라일 수 있습니까? ······ 나라가 비록 전화를 만들어 한때의 이익으로 해서 그 이익이 위로 갈 것으로 여겼으나, 그것을 얻어 사용하는 자는 아래의 상인들이고, 사용하는 화폐를 만들었으나, 그 권리는 모두 아래로 돌아갔습니다. 관리들이 불법적으로 거두는 데 편하고 뇌물이 공공연하게 행해져 국민들의 생활은 날로 줄어들고, 세력 있는 자들은 (토지의) 겸병에 몰두하여, 힘없는 서민들은 날로 빼앗겨 모두 흩어지게 된 고로 이권이 모두 중간에서 아래로 흐르고 나라는 반대로 그 근본을 잃게 되었습니다. 사방의 인심이 남김없이 모리배처럼 되어 조정의 명령이 어떤 일인지 알지 못하고 시골의 촌민들이 부호들에게 권리가 있는 줄은 알되 나라가 있음을 알지 못하거니와, 권리가 이미 아래에 있은즉 나라가 어찌 능히 주도적으로 다스려갈 수 있겠습니까?

위의 글은 정제두가 화폐의 편리 여부에 대해 영조英祖에게 올린 글인 「전화편부의대錢貨便否議對」의 일부이다. 국민들의 경제 생활, 나라의 재정운영을 편리하게 하고자 시행한 화폐제도가 오히려 여러 가지 폐단을 낳고 있다는 내용이다. 부익부,

부정부패, 금전만능 등 그 폐해는 마침내 윤리를 중시하는 유교 국가의 체제마저 동요시키고 있는 실정임을 지적하고 있다. 국가보다 상인들에게 오히려 이익을 주고 있다는 말도 보인다. 따라서 결국 화폐의 시행을 반대하는 수밖에 달리 도리가 없었을 것이다. 화폐의 일반적 기능, 즉 교환·가치척도·저장수단 등의 순기능도 가지고 있지만 정제두는 화폐가 가지는 인간 생활에서의 이러한 파괴적 일면에 주안을 두고 보았다. 그러나 정제두의 반화폐론을 그저 경제에 무식한 과거 지식인의 잠꼬대처럼 들어서는 안 될 것이다. 그가 지적한 화폐의 부정적 기능과 그에 대한 효과적 대처는 오늘날에도 여전히 과제로 남아 있기 때문이다.

화폐와 같은 연장선상에서 정제두는 농업을 중요하게 생각했으며 상업은 반대하는 입장을 취했다. 그가 상업을 호의적으로 보지 않는 태도는 지나칠 정도다. 고대 중국에서 죄인들의 얼굴에 묵형墨刑(묵으로 얼굴에 글자를 새겨 죄인임을 표시하는 형벌)을 가했듯이 상인의 얼굴에도 묵으로 표시를 해서 상행위를 억제하자는 주장까지 하고 있다. 시장도 한 현縣에 하나씩만 두자는 주장도 한다.

16세기 이후 상업인구가 크게 늘어나고 시장의 수도 많아지던 상황에서 그의 이러한 주장은 다분히 반동적인 느낌을 준다.

그러나 후에 정약용丁若鏞(1762~1836)도 지적했듯이 당시의 시장이 매우 문제가 많았던 사실을 생각하면 반드시 그렇게 볼 일도 아니다. 정약용은 낭비, 술주정, 싸움질, 도적질에다가 심지어 살인까지도 시장 때문에 일어난다고 했다. 정제두와 정약용 등이 살핀 시장의 다양한 문제들은 오늘날 그 규모가 더욱 크고 심각하다. 정의와 양심이 실종된 시장이라면 제도화라는 틀에서 이루어지는 보이지 않는 살인과 약탈, 사기 등 그 폐해는 하나둘이 아니다. 오늘날의 우리는 어떤 형태로든 매매 쌍방의 어느 쪽에든 속할 수 있는 시장의 사람들일 수 있다. 노동을 팔러 아침에 출근하고, 백화점이나 근처 시장에 나가 물건을 사는 식으로 말이다. 그렇기에 정제두가 지적한 시장과 화폐의 문제점은 그 문제의식에서 결코 작은 것이 아니다.

정제두와 현대

사람이 죽어서 하게 되는 것은 무엇일까. 살아 있는 사람들에게 긍정, 부정의 어느 면에서든 교훈을 남기는 것이다. 물론 교훈으로 삼을 게 무언가를 찾아내는 것은 후대를 사는 사람들의 몫이다. 이런 관점에서 정제두를 보면 당연히 지행합일설이 으뜸의 교훈으로 다가오게 된다. 그의 입장에서는 행동으로 나타나지 않는 지식은 지식이 아니다. 그렇기에 정제두가 본다면 예나 지금이나 가짜 지식, 불완전한 지식이 판을 치는 것을 경계해야 한다고 주장할 것이다. 그러나 무엇이 옳고 그르냐 하는 판단의 문제를 두고 보면 사람들의 생각은 여러 가지로 다를 수 있다. 양지가 있다 해도 해당 사안에 대한 인식이 다르고, 그에 따른 자기 확신과 행동도 역시 다를 수 있는 것이다. 정제두의 양명 학이 이론은 그럴 듯해도 현실에서 얼마든지 무력할 수 있는 이 유다.

인간 각개의 양지에 대한 신뢰만으로는 국가나 사회 문제의 해결에 기대할 만한 성과를 거두기는 어렵다. 효도라는 극히 기 본적인 덕목에서도 양지는 이미 그 실천을 보장하지 못하고 있 는 게 현실이다. 인간의 마음을 넘어서, 사물의 이치에 대한 연 구와 대처 방식을 강구하는 것이 그래서 필요해 보인다. 정제두 가 추구하는 양명학보다 주자학적인 태도가 현실 문제의 해결 에 더 유효할 수 있다는 말이다.

양지를 내세우고, 그에 따른 지행합일을 요구하는 것은 현실 에 대한 대처방식으로 너무 안이해 보인다. 정제두도 이 점을 우려했기에 윤리와 예법을 강조했다. 그러나 이것들도 양지의 이름으로 무시될 수 있는 경우가 또 얼마나 많겠는가? 현실에 서 유효한 기능을 하기에는 이론의 정밀성도 그렇고 힘이 부족해 보인다.

마음의 중요성을 유독 강조하는 정제두의 학문은 이후 강화학파라는 이름으로 계승되었다. 이 학파의 경우 직계의 혈연이나 결혼으로 인해 맺어진 인척 관계를 통해 가학家學으로 그 학맥이 이어지고 있는 점이 색다르다. 이는 공개적으로 양명학을 할 수 없었던 주위 환경 탓으로 생각한다. 직계의 혈연으로 정제두의 학문을 계승한 자는 외아들인 후일厚一이다. 이후 현손玄孫인 문승文昇과 그의 아들인 기석箕錫 등을 통해 이어졌다. 정제두의 손자사위들도 학통을 이어가는 데 중요한 몫을 했다. 정후일의 사위들인 이광명李匡明, 신대우申大羽, 이영익李令翊이 바로 그들이다. 이광명의 후손으로 후한말의 명신인 이건창李建昌(1852~98) 역시 강화학파의 학풍을 전수받았다. 이건창의 아우인 건승建承은 일제하에서 애국계몽운동에 참여했고, 같은 집안 형제인 이건방建芳은 『양명학연론陽明學續論』을 쓴 정인보鄭寅普(1893~?)를 제자로 키웠다. 이외에도 다수의 인물들이 있으며 지금도 양명학과 정제두의 학문을 연구하는 연구자들이 있다.

5장

시대의 모순을
이야기한
'시골 서생'

이익

시 「영풍」의 상징성

시골 늙은이 밖을 엿볼 뿐 나갈 엄두 못 내고[野老窺窓疑不出]
서생들은 자다 일어나 아무런 말이 없다[書生推枕默無言]

위의 시는 이익李瀷(1681~1763)이 만년에 읊은 「영풍獰風」(거센
비바람)의 한 구절이다. 호는 성호星湖, 자를 자신子新이라고 한
이익의 생애를 볼 때 이 시는 상당한 상징성을 지니고 있다. 시
는 제목 그대로 엄청나게 거센 비바람이 몰아치는 한밤중에 지
어졌다. 칠흑 같은 어둠 속에서 무시무시한 바람과 함께 폭우가
마구 쏟아지고 있다. 하늘에서는 뇌성벽력이 일어 땅을 뒤흔들

정도다. 방안에 있는 이익과 서생들(그의 제자들일 것임)은 놀라 일어나 밖을 살핀다. 비로 인해 혹시 무슨 잘못된 일이나 없을까 하여 나가보고 싶지만, 이익은 엄두를 내지 못한다. 한밤중이라 자다 일어났을 서생들도 말없이 서 있을 뿐이다. 세찬 비바람을 마주하자 스승처럼 나갈 엄두가 얼른 나지 않아서일 것이다. 무엇인지 모르게 다소의 놀라운 마음도 들어 그들은 아마도 촛불이 켜진 방안에 그저 서 있는 것이다.

이 시를 지은 시기는 이익이 18세기의 중반에서 자신의 생애를 엮어가고 있던 때다. 그는 위의 시처럼 방안에 그저 서 있는 상태에 있었다. 젊은 시절에 밖으로 진작 힘차게 나갈 수도 있었는데, 세상의 거대한 비바람 때문에 결국 그렇게 되고 만 것이다. 자신에게 배움을 청하는 제자들을 옆에 거느리고 시대를 밝히는 촛불을 방안에 켠 채.

젊은 시절 한때 과거를 보았으니, 관직에 나가고픈 청운의 꿈이 그에게도 있었던 게 분명하다. 그러나 첫 시험에서 그는 주어진 형식대로 이름을 쓰지 않은 것 때문에 제2차 시험인 복시覆試(회시會試라고도 한다)에 참여할 기회를 박탈당한 것으로 알려져 있다. 이후 그는 과거를 다시는 보지 않는데, 여기에는 둘째 형인 이잠李潛(1660~1706)의 비극적인 삶도 영향을 미쳤다.

이잠은 출중한 미남인데다 머리가 좋고 학식도 풍부했다. 누구나 그가 소과를 응시만 하면 틀림없이 장원을 할 것이라고 보았지만, 그는 이것을 포기한 채 시골에 숨어살다시피 했다. 1680년에 일어난 경신대출척으로 남인이었던 아버지 이하진李夏鎭(1628~82)이 유배지인 평안북도 운산에서 세상을 떠난 데 대한 충격의 여파가 아니었을까 싶다. 정쟁이 끊이지 않는 정치에 그는 일체 발을 들여놓고 싶지 않았을 것이다. 무엇보다 가문이 속한 남인의 정치적 입지를 떠날 수 없는 데다 날카로운 그의 성정이 겹쳐 결국 자신의 비운을 만들어낸다. 숙종 32년(1706) 9월, 세자(후일의 경종)를 해치려 했다며 김춘택金春澤 등의 노론계를 공격하는 상소를 올렸지만 노론의 거센 반발과 숙종의 노여움 등으로 인해 하옥되고, 이어 국문을 받다가 죽는다. 이때 그의 나이는 마흔일곱이었다.

이익은 둘째 형인 이잠에게 열 살 때부터 학문을 배웠다. 아버지가 유배지에서 타계하기 1년 전에 태어난 이후 스승으로 섬겨온 형에게 이러한 비운이 닥친 것이다. 여기서 그가 취할 수 있는 태도는 세 가지였을 것이다. 파쟁으로 인재 죽이기를 파리 목숨처럼 하는 정부에 감연히 반기를 들 수도 있고, 아예 등을 돌려 재야인으로 살아갈 수도 있다. 그도 아니라면 그래도 과거에 급제해 관직에 적을 두고 그럭저럭 살아가는 길이 있었다. 이러한 선택의 기로에서 그는 마침내 두 번째 길을 택한다.

재야에 묻혀 농사와 교육에 종사하면서 학문연구에 몸을 바치기로 한 것이다. 「영풍」에서 비바람 몰아치는 밖으로 나가지 못한 채 방안에 서 있는 이익을 보았는데, 친형이자 스승이었던 이잠의 비극 앞에서 그가 내린 결정은 시의 내용과 흡사한 데가 있다.

1917년 러시아의 10월혁명을 성공시킨 블라디미르 레닌V.L. Lenin(1870~1924)도 이익과 마찬가지로 형이 정부에 의해 사형을 당하는 비운을 겪었다. 하지만 그와 같은 비운 앞에서 레닌이 생각한 길은 이익과 아주 달랐다. 레닌은 이익이 선택한 조용한 생활 대신 혁명을 꿈꾸면서 마르크스주의를 공부한 것이다. 우리의 나이로 열일곱에 불과한 레닌이 이런 결정을 한 데 비하면 10년이나 더 많은 나이에 내린 이익의 결정은 너무 온건해 보인다. 성격 때문이고, 혁명을 꾀할 사회적 여건도 찾아보기 어려운 까닭이었을 것이다. 더불어 마르크스주의 같은 혁명적 사상이 그를 찾아오지 않은 이유도 있지 않을까 생각할 수 있다.

어떻든 그는 형 이잠이 사형을 당한 이후 학문의 연구자로서 방안에 들어앉게 되었다. 제한된 공간에 놓인 셈이지만, 문을 열면 어디로든 통할 수도 있는 게 방인 것을 생각하면 실상은 그런 것도 아니었다.

이익은 시골 초가집의 방안에 앉아 그가 접할 수 있는 넓은 세계로 문을 열어 놓고 학문을 했다. 18세기 조선의 현실은 물론 그 옆의 중국 및 그곳을 통해 전해지는 유럽에도 그는 눈길을 보내고 있었다. 그는 다양한 분야에 관심을 가졌는데 철학, 정치, 사회, 역사, 자연과학 등 모든 학문 분야가 그의 관심에 들어와 있었다. 다방면에 관심을 가졌다는 점에서 그는 고대 그리스의 아리스토텔레스나 르네상스 시대의 레오나르도 다빈치와 비교할 수 있을 정도다. 조선의 실학파를 백과전서적 학문 집단으로 보는 사람도 있는데 그렇게 볼 때 이익은 그에 가장 합치되는 인물인 듯하다.

생각의 방

몸이 생활하는 공간만이 방은 아니다. 세상을 바라보고 사유하는 생각의 방도 있다. 그 방, 즉 뇌에 담겨진 정보, 지식 등도 인간의 삶에서 중요한 기능을 한다. 이익이 가지고 있던 생각의 방은 어떤 것이었을까? 그 방의 전반적인 내용이 유학으로 채워졌을 것은 별다른 설명이 필요하지 않다. 하지만 아버지 이하진과 마찬가지로 그는 주자학을 맹목적으로 받아들이는 당시 지식계의 주류와 거리를 두고 있었다. 이하진은 주자의 학설에 반기를 든 윤휴와 가까운 사이였고, 학문에서도 그와 공감을 했다. 생후 1년 후 부친이 타계했기 때문에 부친과 윤휴의 이러한 학풍을 이익이 직접 전수 받을 수는 없었을 테지만, 자라면서 자의반타의반으로 그러한 학문관을 듣고 받아들이게 되었을 것으로 보인다. 이익의 제자들이 윤휴를 스승이 사숙私淑(직접 가르침을 주지 않은 인물이지만 그를 존경하여 마음속으로 배우고 따르는 것)한 인물로 보고 있는 사실로도 이는 분명하다. 둘째 형인 이잠의 사후 이익의 교육을 맡은 셋째 형 이서李潊도 학문에서의 '자득自得'(학습자 스스로 연구해서 요점을 얻는 것)을 중요시한 만큼 맹목적인 주자학 추종과는 거리가 있었다. 이익이 주자와 다르게 경전을 해석하고 제자들에게 학문에서 주체적 노력을 강조한 것은 이러한 연원이 있기 때문이다. 그의 이러한 학문 경향은 멀리 화담 서경덕의 학풍과도 선이 닿는 것으로 알려져 있다. 서경덕은 일정한 스승 없이 스스로 공부한 만큼 제자들에게도 스스로의 노력을 통한 배움을 늘 강조했다.

각자가 주체적으로 공부할 때는, 당연해 보이는 것이라도 일단 의심하는 태도가 필요하다. 이익은 제자인 안정복安鼎福(1712~91)에게 보내는 서신에서 다음과 같이 말한다.

(학문을 하면서) 의심을 많이 드러내는 것을 막아서는 안 되네. 만약 속으로 의심을 가지면서도 밖으로는 그저 따르기만 한다면

결과는 뻔한 것이야. 의심이 있는 것을 의심이 없도록 하는 것은
진실로 군자가 학문을 하는 데 거쳐야 할 차례라네.

이러한 입장이었으므로 그는 『논어』, 『맹자』, 『시경』, 『서경』
등의 경전 내용에도 때로 의심을 가지고 살폈다. 예컨대 『맹자』
에 증자曾子가 아버지 증석曾晳에게 식사 때마다 반드시 술과
고기를 올렸다는 내용에 의심을 품고 이를 부정했다. 증자가 매
우 가난했는데 어떻게 매번 술과 고기를 올릴 수 있겠냐고 생각
한 것이다. 이외에도 그는 경전의 글자가 잘못된 경우도 있다고
생각해 그것을 고치는 일을 서슴지 않았다.

이익이 가진 생각의 방에는 서구문물에 대한 지식도 상당히
들어 있었다. 부친이 청나라의 사행길에서 구입한 많은 서구 관
련 책들을 읽었기 때문이다. 그가 몸을 담고 있는 방이, 비록 중
국을 통한 간접적인 방식이지만 서구를 향해 열려 있었고, 그에
따라 생각의 방도 유학에만 매몰되지 않았다. 이렇게 해서 이익
은 그 시대의 진보적인 유학자로 입지를 굳힐 수 있었다.

몰락한 양반이라는 이익의 처지도 그가 가진 생각의 방에 적
지 않은 영향을 미쳤다. 이익은 부친이 유배지에서 죽고, 둘째
형은 사형을 당한 집안의 일원이었다. 게다가 서인, 특히 노론
이 득세하는 시대에서 남인이었기에 관직을 통한 입신이 쉽지

않았다. 그런 이유로 그는 양반이면서도 가지지 못한 자들의 편에 설 수 있었다. 출세한 보통의 양반들이라면 예사롭게 여길 일도 그에게는 특별하게 보이고, 필요하다면 고쳐야 할 일로 보였을 것이다.

그는 신세 한탄을 하는 노비들의 얘기를 들으며 그들의 딱한 처지에 한없는 동정을 가질 줄 알았다. 노비제의 폐지를 주장한 것도 그의 이러한 마음에서 비롯되었을 것이다. 오늘날까지 전하는 그의 초상화를 보면 약간 크게 보이는 눈이 아주 선량해 보인다. 따뜻한 마음이 가득 담겨 있는 것처럼 보이는 인상이다. 하지만 무언가 변혁을 주도할 것 같은 결기는 좀처럼 읽히지 않는다. 카를 마르크스의 자그마하면서도 예리해 보이는 눈과 비교하면 누구라도 이런 느낌을 가질 수 있을 것이다. 여러 면에서 볼 때 이익은 한정된 범위에서의 개혁론을 주장하는 데 그칠 수밖에 없었을 것 같다.

사회사상적인 관점

이익의 학문에는 성리학의 이기설을 논하는 순수철학적인 면과 사회에 비판적 입장을 가진 사회사상적인 면이 있다. 이렇게 본다면 그는 철학자이면서 사회사상가라고 말할 수 있는데, 그가 더욱 주목을 받는 것은 후자의 입장 때문이다. 1948년에 나온 현상윤玄相允의 『조선유학사』에서는 이익을 사회과학의 한 분야인 경제학파에 속하는 인물로 기술하고 있다. 물론 현상윤은 이익의 학문에 대한 설명에서 그의 이기설도 언급하고 있지만 사실 사회사상적인 면에 비하면 그 분량은 얼마 되지 않는 편이다. 그의 학문적 입지를 철학보다는 사회사상 쪽에 비중을 둔다는 의미일 것이다. 이러한 학계의 관점은 이후에도 크게 달라지지 않고 있다. 근래에 이르러 이익에 대한 다양하고 심도 있는 연구 결과들이 발표되고 있지만 그 내용을 볼 때 독창성을 찾기 어려운 그의 이기설보다는 그의 사회사상적인 면을 주목하고 있음을 알 수 있다. 이익의 사회에 대한 생각은 그가 산 시대의 시각으로 볼 때 상당히 주목할 수 있는 내용들이 있기 때문이다.

국가와 사회의 여러 문제에 대해 언급을 하는 이익을 보면 '지식인'으로서 자기 임무에 꽤 충실한 사람이라는 생각이 든다. 이익은 잘못된 것들을 바로잡음으로써 생산적인 사회가 될 수 있도록 온갖 것을 진단하고 지적하는 것에 주저하지 않았다. 앞에서 현상윤이 그를 경제학파로 분류한 것처럼 그는 경제적 관점에서 자신의 시대를 보는 면이 있다.

『곽우록藿憂錄』에서 생재生財(재화의 생산과 소비)에 대해 생산자가 많고[生衆], 먹는 자는 적으며[食寡], 일하는 자는 빨리 하고[爲

疾], 재화를 사용하는 자는 천천히 할 것[用舒]을 역설한다. 내용은 『대학』에 나오는 생재론의 반복에 불과하지만, 생산자의 증가를 위해 구체적인 대안을 제시하고 있는 사실이 눈길을 끈다. 승려나 광대 등의 비생산적 인구를 줄이고, 실업 상태의 양반들을 농업에 종사토록 하자는 주장이 그것이다. 육두六蠹(여섯 가지 '좀')는 그가 척결해야 한다고 보는 여섯 가지의 사회악인데 여기에도 생산적인 관점이 들어 있다.

○ 노비제도는 없애야 한다. 이는 상전이 노비의 노동력을 착취하기 때문이다.

○ 과거제도도 없애야 한다. 이는 사람의 정력을 낭비시키고, 그로 해서 혹 관료가 되면 자리를 이용해 서민들을 착취하는 경우가 많기 때문이다.

○ 문벌을 중시하며 따지는 것도 없애야 한다. 이는 굶어 죽을지라도 농사일은 천시하며 노동을 하지 않도록 하기 때문이다.

○ 잡기며 무당 등 사람의 이목을 끌어 낭비하게 만드는 것들도 없애야 한다.

○ (일부의) 승려도 없애야 한다. 부처 섬기는 일보다 병역을 기피하는 경우가 다반사기 때문이다.

○ 게으름을 피우고 놀면서 남을 속여 이득을 취하려는 것도 생

업에 방해가 되므로 없애야 한다.

이익이 말하는 생업은 농사이다. 위의 여섯 가지를 '좀'에 버금가는 해악으로 규정한 까닭은 그것들이 백성의 생업인 농사에 방해를 주는 비생산적인 것으로 생각했기 때문이다. 그러나 이익은 상업을 여섯 가지 해악에 포함시키지 않는다. 상업 활동이 없으면 재화의 유통이 이루어질 수 없다고 보아 제한적이나마 상인들의 생산적 역할을 인정한 것이다. 후대 실학자들이 주장한 양반의 상업 종사 허용에 물길을 튼 셈이다.

이익은 국가가, 백성이 나라의 근본이라는 입장에서 정책을 펴도록 주장한다. 『서경』에서 이야기하는 '백성이 나라의 근본'이나 『맹자』가 설파한 민생 중시의 왕도정치론에서 벗어나 있지 않은 셈이다. 이러한 관점에서 그는 백성들이 참상에 빠져 있는 18세기의 조선 현실을 직시한다. 노동을 통해 의식주를 생산하는 것은 백성들인데, 그들이 가난과 고통에 시달리고 있다는 것이다. 개혁의 초점도 이를 시정하는 데 두었다. 세금을 적게 부과하고, 공용에서의 낭비를 줄이며, 부패한 관리를 처벌하도록 요구하고 있다. 더불어 비용 대비 행정의 생산성에 주목하여 관직과 관원의 수를 대폭 줄일 것도 제안했다.

그의 사회개혁론은 유학의 본래적 입장을 반영해 정치에서의 개혁으로 귀착된다. 청렴하면서도 유용한 인재를 관리로 임용하고, 일선의 업무를 시행하는 데 별로 도움이 되지 않는 문예 위주의 과거시험 방식도 고칠 것을 요구했다. 나아가 인재를 선발하는 데는 혈연, 문벌, 지역 등의 어떠한 차별도 반대했다. 더불어 그는 지역 인사에서 평안도, 함경도, 황해도, 그리고 개성 사람들을 등용하지 않는 것을 잘못된 것으로 지적했다. 지역주의를 타파해 국가 운영의 능률성을 높이자는 주장인 것이다. 동시에 지도자(국왕)도 모범을 보이고 백성의 의사가 어디에 있는지를 항상 유의하는 노력이 필요하다고 생각했다. 같은 맥락에서 참모(신하)들의 간언에는 그 지위의 높고 낮음을 가리지 않고 귀를 기울여야 함을 강조했다.

물론 여기까지는 유학에서 늘 제기하는 것의 반복이라는 느낌을 준다. 그러나 그가 통치 과정에서 법의 중요성을 강조하고 사회악을 제거하기 위해 형벌을 엄하게 시행해야 할 것을 주장하는 데 이르면 그의 논지는 기존의 유학과 달라진다. 기존의 유학에서는 덕을 우선하고 법은 2차적인 통치 수단으로 삼을 뿐인 것에 비추어보면 강조점에 차이가 있는 것이다. 다만 법을 강조하되 그 법의 시행은 덕과 함께해야 한다는 주장을 펴는 점에서 여전히 유학적인 사유가 그에게 있는 것도 사실이다.

인재 등용에서 이익은 산업(농사) 현장의 경험이 있는 인물을 중시하는 입장이다. 과거공부만 하는 책상물림의 서생, 당쟁을 일삼는 관료 등은 그의 비판을 피할 수 없었다. 농사일에 종사하여 백성들의 고통을 아는 인물을 정치에 등용해야 실효를 기대할 수 있다는 게 그의 주장이다.

이익은 공교육 기관으로 향교를 중시하고 서원은 반대했다. 그에 의하면 서원은 학문보다 당쟁의 소굴이고, 그 명부는 군역 기피 등에 이용되고 있을 뿐이다. 19세기 말 흥선대원군興宣大院君이 내린 서원철폐령의 당위성을 그가 이미 설파하고 있는 셈이다.

사회의 잘못된 면을 구석구석 훑어내는 그의 안목은 아마도 부친의 비판적인 성향을 그대로 이어받은 것 같다. 『성호사설星湖僿說』의 「불상족성不尙族姓」(인재 선발에 문벌을 숭상하지 않음)에는 그의 부친 이하진이 생전에 비판한 과시課試(관원들이 정기적으로 보던 시험), 관직, 재판, 즉 '삼불관三不關'(세 가지의 상관이 없는 것)에 대한 내용이 나온다. 과시는 문장의 잘하고 못하고를 가리는 것인데, 실제로는 그와 상관없이 성적을 매기니 그것이 지향해야 할 본연의 목적과는 상관이 없다. 관직은 재능과 인격의 우열에 관계된 것인데, 실제로는 그와 상관없이 주어지니 역시 문제다. 또 재판은 사리의 옳고 그름에 관계된 것인데, 실제로는 그와 상관없이 (뇌물 등에 의해서) 이루어지니 그 본연의 기능을 하지 못하고 있다. 그런 이유로 부친의 삼불관을 들어 자신의 시대를 개탄했다.

직접 농사를 지었는가

농사의 중요성을 강조한 이익은 유용한 인재 역시 농민들 중에서 발탁해야 한다고 주장했다. 그런데 평생을 농사지으며 산 것으로 알려진 이익의 경우 과연 직접 농사를 지었을까 궁금해진다. 당시는 직접 농사일을 하는 양반은 멸시를 받는 형편이었는데, 이익은 이 같은 세태를 강하게 비난했기 때문이다.

그는 서른다섯 때 모친상을 마친 후 자신의 노비들을 모두 형님 집으로 보냈다고 한다. 따라서 그 이후에는 노비 없이 그가 직접 농사를 지을 수밖에 없었을 것이다. 게다가 그의 시 「화포잡영구수華浦雜詠九首」에는 마을 사람들과 농사 이야기를 했다는 내용이 있고, 만년에 읊은 「자제명정自題銘旌」에서는 자신이 평생 농부로 살았다고 노래했다. 이런 내용들에 비추어보면 그는 직접 농사를 지으며 살았을 것으로 생각할 수 있다. 하지만 『성호사설』의 「식소食少」 부분에서는 이를 의심케 하는 말이 보인다.

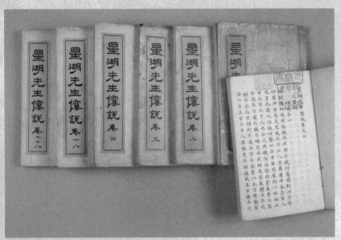

『성호사설』 | 성호 이익의 대표적인 저술로 생전의 그가 제자들과 한 문답을 그의 조카들이 정리하여 책으로 만들었다. 다양한 필사본이 전한다.

내 성품이 책을 좋아하여 비록 종일 힘쓰면서도 한 올의 실이나 한 알의 곡식도 모두 나의 힘으로 산출한 것이 없으니 어찌 이른바 천지간의 한 마리 좀이 아니겠는가. 다행스러운 것은 조상에게 물려받은 재산(농지)이 있어서 적은 대로 말로 받아 그 한도 안에서 양식을 줄이고 많이 먹지 않는 것을 제일의 경륜이자 양책으로 삼아 지낸다.

『성호사설』이 그의 나이 마흔 전후부터 기록하기 시작한 것이라고 하니, 위의 내용이 『성호사설』에 담겼을 시점에는 이미 이익의 집에 노비가 없을 터다. 하지만 자신은 쌀 한 톨도 산출하지 않는 존재여서 스스로를 좀이라고 비판까지 한다. 이어 몇 말의 쌀을 받아 살아간다고 했으니, 이것은 소작을 주어 생계를 잇는다는 의미로 풀이할 수 있다. 마을 사람들과 농사일에 관한 얘기를 했다는 등의 언급 역시 소작을 주면서도 얼마든지 할 수 있는 것임은 물론이다.

같은 책의 「유민환집流民還集」에서도 그가 직접 농사일을 하지 않은 흔적이 읽힌다.

내가 하루는 밖에 나갔다가 걸인을 보았는데, 어린이와 어른 4, 5인이 함께 모여 있었다. 내가 말하기를, "지금 바야흐로 농사를

지을 철인데, 너희들은 어찌해서 고향으로 돌아가 씨 뿌리고 영
농할 생각은 하지 않은 채, 아직도 걸식을 하는가"라고 하자 그
들이 한참 동안 나를 바라보더니 이내 말을 했다. "농사를 어떻
게 짓습니까? 종자도 없고, 양식도 없는데, 돌아간들 무슨 이익
이 있겠습니까?"라는 것이었다. (보아하니) 그들은 내가 세상 물
정에 어두워 사정을 잘 모르는 것으로 여기는 것 같았는데, 생각
해보니 과연 그랬다. 내가 농사일을 직접 겪은 적이 없으니 어떻
게 깊이 (사정을) 알겠는가[事不親歷 何以深曉].

이 글을 보더라도 그가 직접 농사일을 하지 않은 것으로 판단
된다. 역시 『성호사설』「제노문祭奴文」의 "내 땅을 관리하던 종
이 있었다[余庄土 有奴管之]"는 부분이 이 같은 판단을 뒷받침한
다. 학문을 자신의 본무로 삼는 입장에서 농사일을 직접 할 수
없었던 것이 아닌가 싶다.

그가 농사일에 직접 나서지 않은 데는 이 글의 서두에서 나온
시 「영풍」에서의 한계의식도 작용하지 않았을까? 그 한계의식
이란 세찬 바람이 몰아치고 뇌성벽력이 일어나는 방 밖으로 감
연히 나가지 못하는 겁 많은 의식이다. 적극성이 부족하여 소극
적일 수밖에 없는 마음이 그 진원지임은 물론이다. 생각해보라.
양반이 직접 농사일을 한다면 신분에 걸맞은 대우를 못 받고 자

녀들의 결혼에도 막대한 지장이 올 수 있다. 직접 농기구를 들고 직업적인 농군 노릇을 한다면 사회로부터의 냉대와 멸시, 비웃음을 각오해야 한다. 양반인 그에게 그것은 세상의 세찬 바람이고, 뇌성벽력이라고 해도 과언이 아니다. 「영풍」에서 보이는 그의 한계의식으로는 예사로이 무시하고 나가기가 쉽지 않은 것들이었으리라.

실천과 행동을 강조했지만 여러 면에서 볼 때 이익은 오히려 그 면에서 부족함이 있지 않았나 생각한다. 『성호사설』 「개자丐者」(거지)라는 글을 보자. 이글에서 이익은 30여 년 전 추운 겨울날 한양 거리에서 본 한 걸인의 일을 회고하고 있다. 다 헤진 옷을 걸친 굶주린 얼굴을 한 걸인은 눈까지 멀었다. 그 걸인은 잘 곳이 없었던지 남의 집 문 앞에 앉아 울면서 차라리 죽여달라고 하늘에 호소하고 있었다. 이익은 이 광경을 회상하면서 지금도 눈물이 쏟아질 것 같다고 했다.

그런데 여기서 눈길이 가는 것은 이익이 그 걸인을 구제하기 위해 어떠한 행동도 하지 않았다는 사실이다. 하다못해 걸인에게 따뜻한 국밥이라도 사 먹인다거나 잠잘 곳을 마련해주고자 생각했다면 못할 것도 없을 텐데, 그런 모습이 보이지 않는다. 백성의 고통을 마음 아파하고 사회적으로 문제제기까지 한 이익이지만 실제의 행동성은 그의 주장과는 상당히 동떨어져 있었다고 볼 수밖에 없다. 결국 어디로 보나 그는 직접 농사에 나설 만큼의 용기는 가질 수 없었을 것으로 판단한다. 자신의 개혁의지를 실현하려는 정도에서도 이는 마찬가지였다.

오이지기미자

『대학』에 '오이지기미자惡而知其美者'라는 말이 나온다. 어떤 사람이나 대상을 싫어하면서도 그에 속한 좋은 점은 인정할 줄 안다는 말이다. 누구나 그렇게 해야 할 금언金言일 수 있지만, 실제로 이렇게 할 수 있는 사람은 의외로 많지 않다. 미워하는 사람이나 싫어하는 것에 대하여는 그저 밉고 싫어하는 마음만이 가득한 나머지 그 좋은 점은 미처 생각하지 못하는 경우가 대부분이다.

그런데 이익은 그야말로 '오이지기미자'의 모습을 보이고 있다. 유학자라면 누구나 중국 전한前漢을 멸망시키고 신新나라를 세운 왕망王莽을 미워한다. 하지만 이익은 이러한 왕망의 말도 좋은 것은 가려 인정하는 태도를 보이고 있다. 『성호사설』「금민매노禁民賣奴」(국민들에게 노비의 매매를 금함)에서 그는 왕망이 "노비를 매매하면서 그들을 소나 말처럼 다루며 그 목숨을 끊는 것은 하늘에 역행하는 폐륜이다"라고 한 말을 옳다고 받아들인다. 이익이라고 왕망을 좋아했을 리는 없다. 그러나 사람이 밉다고 해서 그가 한 옳은 말까지 나쁘다고 한다면 이는 너무 편협하고 양식에도 어긋나는 태도다. 이익은 적어도 많은 사람들이 빠지기 쉬운 잘못을 저지르지 않고 있다는 점에서 건전한 양식을 가졌다고 할 수 있다.

그는 이단으로 배척하는 불교에 대하여도 '오이지기미자'의 태도를 보인다. 『성호사설』의 「설재상인雪齋上人」과 「속유척불俗儒斥佛」에서 경험을 통해 알게 된 승려들의 훌륭한 점을 솔직히 인정하고 있다. 그는 유자儒者들이 공맹과 같은 선대의 성인들을 겉으로는 숭배하며 받든다고 하지만, 승려들이 부처를 받드는 것에 비할 바가 못 된다고 했다. 이유는 물욕 때문인데, 유자들 중에서는 이를 완전히 버린 자를 볼 수가 없지만 승려들은 이런 유혹에 넘어가지 않고 오직 불심 하나만으로 사니 훌륭하다고 본 것이다. 나아가 유자들 중 일부는 성인의 말씀을 부귀영화의 수단으로 삼을 뿐이니 그들은 승려들에게 죄인이라고까지 이야기한다.

이익의 이 말은 당시의 부패, 무능한 데다 그야말로 속물적인 유자들에 대한 비판으로는 더할 나위 없이 옳은 말이다. 그러나 승려들이라고 반드시 부처를 잘 신봉하는 것도 아니요, 물욕을 완전히 떠나 살 수 있는 것도 아니다. 그는 유자에 대하여는 잘 알지만, 승려들은 잘 모르니 판단에서 오류를 범한 것일 수도 있다. 그러나 그가 보여주는 '오이지기미자'의 태도가 이 때문에 훼손되지는 않는다.

이익은 학문에서 의심을 가지는 것을 중요하게 생각하고, 자료의 수집과 수집한 자료를 통한 실증적 연구 태도를 바람직한 것으로 보았다. 물론 실증적 연구 태도에서도 사물을 중립적 입장에서 볼 수 있는 '오이지기미자'의 태도는 매우 필요하다. 연구자가 편견을 가지게 되면 아무리 집적된 자료에 바탕을 둔 실증적 연구를 하더라도 편파적인 판단을 할 가능성이 매우 높기 때문이다. 이런 점에서 이익은 중립성을 유지하기 쉬운 마음을 천부적으로 가지고 태어난 것이 아닌가 싶다.

음미해볼 만한 다른 생각들

돈 이익은 돈을 부정적인 것으로 보았다. 돈이 생기면서 사람들이 이익만을 좇고 상업을 좋아하게 되었으며 농사를 지으려 하지 않게 되었다고 인식한 것이다. 돈은 사치와 고리대업, 뇌물의 용도에 편리할 뿐 일반 서민들에게는 아무런 도움이 되지 않는다. 유통의 편리함 때문에 소비를 조장하는 면이 있어 가계경제에도 도움이 될 것이 없다. 절약을 강조하는 등 윤리적인 안목에서 사회를 보던 이익의 입장에서 돈을 부정적으로 생각할 이유는 충분히 있었다.

그러나 신용카드가 그렇듯이 돈도 필요에 따라 생겨난 것이고, 여러 가지 폐단에도 그 존재가치는 분명히 있는 게 사실이다. 국가가 필요악이듯 돈도 필요악이다. 따라서 이익의 견해는 분명히 일리가 있고 황금만능의 폐해를 생각하면 더욱 경청할 가치가 있어 보인다. 다만 돈이 없어질 경우 어떻게 경제를 운영할 수 있는지 등에 대한 해결책을 찾을 수 없는 것이 아쉬울 뿐이다.

토지 토지제도의 개혁을 주장한 이익은 '돈'과는 달리 그 대안을 제시했다. 토지의 균등분배[均田]라는 차원에서 각 호별로 꼭 필요한 토지[永業田] 외에는 매매를 허용하되 사전에 국가의 허가를 받도록 주장했다. 그의 이러한 주장은 토지의 개인 소유와 매매의 자유가 광범하게 이루어지고 있는 현대에서는 물론 상상하기 어려운 것이다. 그러나 지금도 토지가 부의 편재에 커다란 비중을 차지할 수 있다고 볼 때 그 정신 자체는 평가할 여지가 있다.

천재지변 18세기에도 많은 한국인들이 천재지변을 정치의 잘못과 연관해 생각했다. 사람이 하는 일에 하늘이 응한다는 이른바 천인상감설天人相感說에 따른 것인데, 이익은 이를 허무맹랑한 생각으로 보았다. 그런 까닭으로 천재지변 역시 인간의 일과는 전혀 상관이 없는 자연현상일 뿐이라고 생각했다. 이 같은 그의 생각은 서양의 자연과학 지식에 의한 것이다. 그는 역사적 사례를 들어 증명도 한다. 예컨대 폭정을 일삼은 중국 수나라 양제煬帝 때에 천재지변이 하나도 없었으니 천인상감설은 이치에 맞지 않는다는 것이다. 조선의 경우도 폭군인 연산군 때에 오히려 천재지변이 적었으니 중국의 사례만 들 일도 아니다.

그러나 천인상감설을 굳게 믿는 학자들은 폭정 아래에서도 천재지변이 없는 것이야말로 가장 엄혹한 하늘의 경고라고 해석하기도 한다. 물론 과학적으로는 근거가 없는 이야기지만 지도자의 책임과 반성을 촉구할 수 있다는 점에서 생각하면 긍정적인 요소가 없는 것도 아니다. 그렇게 보면 천재지변에 대한 이익의 해석은 지극히 당연한 것이지만 한편으로는 아쉬운 점도 있다. 과학보다 신화 속에 살 때 사람들은 때로 더 행복하고 의미 있게 살 수도 있다는 게 나만의 생각은 아닐 것이다.

천주교 이익은 유학자의 입장에서 천주교의 영혼불멸설이나 천당지옥설을 배척한다. 천주교는 이단이며 불교의 한 파로 볼 수밖에 없다고 생각했다. 하지만 예수회 신부인 방적아龐廸我(본명 판토하P.De Pantoja)가 지은 『칠극대전七克大全』(『칠극』)에 대해서는 유학의 극기복례설克己復禮說과 같은 취지가 있다고 보아 긍정도

한다. 천주교에는 도저히 받아들일 수 없는 점이 있지만, 옳은 것은 구태여 배척할 필요가 없다고 생각했다. 그 옳은 것의 판단기준은 물론 유학의 입장에서 내린 것이지만, 그의 개방적 학문연구 태도를 볼 수 있다. 다만 그가 '보고 싶은 것만 보고 믿고 싶은 것만 믿게 만드는 생각의 오류'에 머문 것은 아닌가 하는 아쉬움은 어쩔 수 없다. 같은 맥락에서 보면 이익은 천주교의 영혼불멸이나 천당지옥설이 오히려 사람들의 신앙심을 불러올 여지가 있다는 것을 미처 몰랐다. 합리성을 벗어난 곳에 오히려 종교의 생명력이 있음을 유학자이자 실증주의를 존중한 그로서는 도저히 알기 어려웠던 모양이다.

서양의 자연과학 이익은 중국 서적을 통해 알게 된 서양의 자연과학에 대해 많은 관심과 이해를 보였으며 때로는 긍정적인 평가도 한다. 천문학, 물건의 제조, 수학 등에서는 서양이 중국보다 훨씬 우수하다는 결론도 내리고 있다. 이러한 사실로 본다면 중국 중심의 세계관을 넘어 세계를 넓게 볼 수 있는 안목이 그에게는 있었다. 하지만 『성호사설』의 여러 항목이나 내용의 서술에서 볼 수 있듯이 그는 중국에 편중된 면을 극복하지 못하고 있다.

서양의 미술 이익의 서양에 대한 호의적인 관심은 서양 미술에서도 나타난다. 청나라에 다녀온 사신들이 가져온 서양화를 보면서 그림에 표현된 원근법과 명암법에 감탄한 것이다. 입체적이고 생동감 있는 서양화의 기법이 조선의 한 유학자에게 불러일으킨 반응이었지만, 회화에 대한 평소의 관심이 그것을 유발했다고 보아야 한다. 그는 「자화상」, 「백마도」 등의 그림으로 유명한 선비화가 윤두서尹斗緒(1668~1715)와도 친분이 있었다. 윤두서의 정물화에서 나타난 명암법이 어쩌면 이익과 공유된 서양의 근대적 화풍의 반영이 아닌가 하는 생각이 들기도 한다.

이기설 이익의 이기설에 대한 학계의 관심은 비교적 최근에 들어와서 높아졌다. 전에는 그를 포함한 이른바 실학자들의 사회개혁 사상에 치중한 나머지 이기설에 대해서는 상대적으로 관심이 약한 편이었다. 관심을 가졌더라도 주리론主理論이니(유명종, 『한국철학사』), 주기론主氣論이니 하여(정석종, 「이익의 성호사설」) 서로 다른 일면적 이해에 그친 감이 있다. 물론 이렇게 된 데는 이익 자신의 책임도 있다. 이익은 본질 내지 정신적인 것으로 '이'와 현상 내지 물질적인 것으로의 '기'가 모두 발할 수 있다고 보았다. 이러한 관점은 그가 존경하던 이황과 입장을 같이 한 것으로 볼 수 있다. 조선에서의 이기설을 크게 이황과 이이로 분류할 때 그는 전자를 지지한 것이다. 칠정七情(기쁨, 분노, 사랑, 즐거움, 두려움, 미워함, 욕심)에도 착함이 있다는 설명에서는 이황의 설명을 근거로 제시하기도 했다. 이와 같은 면을 고려할 때, 학문에서의 독자성을 강조한 그였지만 적어도 이기설에서만큼은 그만의 독특함을 찾기가 쉽지 않다.

국사 이익은 서거정이 완성한 『동국통감東國通鑑』을 읽는 사람들이 거의 없는 사실을 매우 안타까워했을 정도로 국사에 관심이 많았다. 당시의 지식인들 대부분이 중국의 역사에만 주로 관심을 두었기에 이 점은 특기할 만하다. 무인년(1758)에 제자 안정복에게 보낸 편지인 「여안백순(무인)與安百順(戊寅)」에서는 "국사에 대한 글을 쓰고자 했으나 결국 이루지 못한 것이 한스럽다"는 말과 함께 '국사에 대한 기록이 잘 갖추어지지 않아 중국의 역사서를 근거로 해야 하는 아쉬움'을 토로하기도 했다. 물론 『성호사설』에서도 확인할 수 있듯이 그 역시 국사보다는 중국사에 대한 이해와 언급이 더 많았던 점은 부인하기 어렵다.

그래도 행복했던 삶

이익은 가난했고, 두 번이나 상처喪妻를 했으며, 외아들 맹휴孟休을 잃는 슬픔도 겪었다. 황달에 시달리는 등 여러 가지 질병으로 인한 고통도 많았다. 관직을 가져야 성공으로 볼 수 있던 시대에서 관직을 갖지도 못했다. 사망하던 해에 첨지중추부사僉知中樞府事라는 직이 주어졌지만, 그것은 의례적인 것일 뿐이었다. 그렇지만 자신이 하고 싶은 일을 할 수 있었다는 점에서 그는 행복했다고 말할 수 있다. 그의 말대로 조상이 물려준 재산이 있었기에 독서와 저술을 하며 살 수 있었으니 누가 무어라 해도 행복한 인생이었다. 주자와 다른 입론을 펴면서도 윤휴나 박세당과 같은 불행을 겪지도 않았으니 이 또한 행복이라 볼 수 있다.

그는 인간관계에서 원만한 편이었고, 또한 자신에게 절대적인 존경의 마음을 가진 인재들을 제자로 둘 수 있었다. 조선 후기 학문으로 이름을 떨친 윤동규尹東奎(1695~1773), 안정복, 신후담愼後聃(1702~61), 권철신權哲身(1736~1801) 등이 모두 그의 제자였고, 정조 때 영의정을 지낸 채제공蔡濟恭(1720~99)도 그에게 가르침을 받았다. 게다가 이익은 여든셋까지 살았으니 그 시대의 누구보다 장수를 누린 셈이다. 아마 이것은 오늘날 장수의 요건으로 거론되는 생활습관을 그가 잘 지켰기 때문인 것 같다. 그는 아침 일찍 일어났고 술을 좋아하지 않았다. 가난해서 기름진 음식을 먹을 형편이 못 되었기에 영양과다에서 오는 성인병도 그를 피해 갔을 것이다.

한평생 경기도 안산에 거주하며 살았지만, 이마누엘 칸트 Immanuel Kant(1724~1804)처럼 오로지 거주지에만 붙박여 살지는 않았다. 생전에 존경하는 퇴계 이황이 배향된 도산서원陶山

書院을 찾아보고, 북한산에 오르거나 친척들이 사는 한양을 가끔 들르기도 했다. 개성의 천마산과 화담서원, 경상북도 순흥에 있는 백운동서원白雲洞書院(소수서원紹修書院), 그리고 금강산에도 그의 발길은 닿았다. 결코 책에만 파묻혀 생활한 은둔형 학자는 아니었다.

요즘 식으로 말하면 이익은 학자라기보다 차라리 언론인의 성향이 더 강해 보인다. 그 시대의 사물 혹은 현상에 대해 두루 비판과 언급을 하지만 그것에서 깊이 있는 학문적 분석은 다소 아쉬운 점이 있기 때문이다. 그와 마찬가지로 남인에 속하고 또한 그의 영향을 받기도 한 정약용이 『성호사설』에 대해 언급한 말은 이러한 점에서 경청할 만하다. 정약용은 『성호사설』을 "옛사람이 만들어 놓은 글과 자신의 주장을 뒤섞어 책을 만들어 올바른 체계를" 갖추지 못하고 있음을 지적했다. 체계적이지도 못하고 깊이 있는 내용도 담고 있지 못해 책으로서의 가치가 높지 않다는 의미다. 백과전서식인 이익의 학문에 대한 전체적 비판이라고 해도 좋을 듯하다. 하지만 『성호사설』은 이익의 대표 저서로 고전적 가치를 인정받으며 애독되고 있다. 중립적인 사유에서 나오는 양식과 날카로운 비판을 담고 있기에 오늘날까지 그 생명력을 가지고 있는 것이 아닌가 한다.

이익의 중립적 사유는 그로 하여금 '오이지기미자'의 입장을

이익 묘 | 이익은 두 번이나 상처를 했으며 외아들 맹휴를 잃는 슬픔도 겪었고 출사도 하지 못했지만, 평생 동안 좋아하는 독서와 저술을 하고 뛰어난 제자들을 양성했다. 경기도 안산시 소재.

지속적으로 견지할 수 있게 했다. 즉 악이나 이단으로 규정된 대상을 그런 틀 안에서만 보려는 태도를 그는 벗어날 수 있었던 것이다. 좌우로 갈려 상대의 모든 것을 악과 잘못된 것으로만 인식하려는 오늘날의 우리에 비하면 이익은 참으로 모범적인 생각의 모습을 보여주고 있는 셈이다.

하지만 이익이 쏟아낸 다양한 이야기들 중 많은 내용들이 아직도 사람들의 실천을 기다리며 있는 것도 사실이다. 인간으로서는 비교적 순탄한 삶을 산 그지만, 사상가로서는 이 때문에 불운해 보이기도 한다. 그는 학문과 행동을 별개로 보지 않았고, 자기의 사상이 실천을 통해 현실에서 구현되기를 바랐다. 그러나 「영풍」에서 보이는 그 자신의 소극성과 행동적인 후계자의 부재, 그리고 개혁의 결정적 계기를 만나지 못해 끝내 자신의 소망을 이루지 못했다. 글로 많은 주장을 한 셈이지만, 실제로는 별다른 성과를 거두지 못한 것이다.

따라서 이익이 제기한 문제와 그에 대한 개선책은 아직 미래의 과제로 남아 있다. 시대와 체제는 달라졌어도 인간에 의해 야기되는 본연적인 문제는 변하지 않았기 때문이다. 예컨대 부정부패, 빈부문제 등 이익이 안고 고심했던 문제들은 여전히 현대의 우리들에게도 미해결로 남아 있지 않은가.

6장

세계로 향한
창을 연
'과학사상가'

홍대용

'공인'이 되기까지의 뒤안길

홍대용洪大容(1731~83)은 한국사에서 '공인公人'으로서의 위치에 굳건히 설 수 있는 인물이다. 그는 주로 한국철학사에서 다루어 지지만, 과학사 내지 과학기술사에서도 족히 다루어질 수 있는 인물이다. 이기설과 인물성동론人物性同論에 대한 일가견 못지 않게 혼천의渾天儀를 제작하는 등 과학기술면에서의 성과도 적 지 않기 때문이다.

'공인' 홍대용을 만들어내는 데는 18세기 한국 사회의 여러 면이 영향을 미쳤고, 더불어 그의 부친 홍역洪櫟의 역할도 컸다. 홍역은 고위직을 역임하지는 않았지만, 유교의 소양을 쌓은 양 반 관료로서 아주 모범적인 인물이었던 듯하다. 과거를 통해 관

직에 나간 그는 잠시 중앙에 있었던 것을 제외하고는 주로 지방
관으로 근무했다. 유능한 관료였는지 영천군수와 해주 및 나주
목사 등 11년 동안 외직을 지냈고 근무 평가에서 항상 최상급을
받았다고 한다. 과학기술에도 관심을 가져 1756년에 나주목사
로 부임한 뒤 장남인 홍대용을 불러 혼천의를 만들 수 있도록
지원도 적극적으로 해주었다. 가문을 이어갈 아들이 과거 공부
에 매진하도록 닦달하기가 십상이었을 텐데 전혀 그렇게 하지
않은 듯하다. 출세 지향적이거나 인문학적 취향에만 몰두하는
당시의 지식인들과는 거리가 있어 보인다.

　홍대용을 '공인'으로 만드는 데는 그가 열두 살부터 배움의
터전으로 삼은 석실서원石室書院의 학풍도 작용했을 것이다. 병
자호란 때 척화를 주장한 김상헌金尙憲(1570~1652)과 김상용金尙
容(1561~1637)을 기리기 위해 경기도 남양주에 세워진 이 서원에
서 노론계이며 김상헌의 후손인 미호渼湖 김원행金元行(1702~72)
이 후진들을 가르치고 있었다. 김원행의 학풍은 상당히 보수적
일 듯하지만, 실제로는 그렇지 않았던 것 같다. 그는 실심實心을
강조하고, 실학, 즉 현실에 유용한 학문을 강조했다. 석실서원
에는 『주역』이나 과학기술에 관심을 가진 학생들도 적지 않았
는데 그들 역시 홍대용에게 영향을 주었다. 김원행의 아들이자
홍대용의 선배인 김이안金履安(1722~91)은 천문학에 관심이 많

았고, 고창 출신의 청년인 황윤석黃胤錫(1729~91)은 천문학뿐 아니라 『주역』에도 식견이 있었다. 황윤석은 서양의 역법에도 조예가 깊어 홍대용에게 많은 자극을 주었던 것으로 보인다. 홍대용이 고향인 충남의 천안에서 남양주에 있는 석실서원까지 찾아와 학문을 하게 된 데는 아버지의 영향이 절대적이었다. 노론계의 후손인 아버지 홍역은 이제 열두 살이 된 아들을 이끌고 역시 같은 노론계이며 당대의 유학자이자 자신의 사촌 매부이기도 한 김원행의 서원을 찾은 것이다.

홍대용은 스물다섯에, 이곳을 방문한 연암燕巖 박지원朴趾源(1737~1805)과 사귀게 되는데 이후 그와 함께 실학적 학문관을 더욱 다지게 된다. 열두 살에 이미 세상일을 모른 채 책이나 들여다보는 오활迂闊한 선비가 되지 않기로 결심한 홍대용이다. 이러한 그에게 박지원은 학문의 든든한 동반자가 될 수 있는 인물이었다. 홍대용이 박지원보다 여섯 살 연상이었지만, 둘은 친구이자 선후배로 사이좋게 지냈다.

마지막으로는 홍대용 자신의 열성과 노력을 들 수 있다. 예론, 경전에 관한 해석, 지구자전설, 조선의 주체성을 강조하는 저술(『의산문답毉山問答』), 그리고 과학기술에 관한 실천적 노력 등은 당대의 누구보다 돋보인다. 18세기 조선에서 그가 사상적으로 선구자의 위치에 있었음은 이론의 여지가 없다.

과학기술에의 남다른 관심

홍대용은 석실서원에서 황윤석 등과의 교유를 통해 과학기술, 특히 천문학에 많은 관심을 가지게 되었다. 천체관측기기인 혼천의를 만들고자 한 생각은 진작부터 가지고 있었지만 그 핵심 원리를 몰라 관심만 가지고 있었는데, 스물아홉이 되면서 좋은 기회가 찾아왔다. 나주목사로 재임 중이던 아버지를 통해 화순의 나경적羅景績(호는 석당石塘) 노인을 만나게 된 것이다. 두 사람은 만나자 곧 의기투합해 공동으로 혼천의 제작에 들어갔다. 두 사람의 만남은 양쪽 모두에게 행운이었다. 사실, 70대의 나경적은 오래전부터 혼천의를 연구하며 제작에 뜻을 두고 있었으나 돈이 없어 연구를 계속하지 못하고 있었다. 그러던 차에 청년 홍대용을 만나 그의 아버지인 나주목사의 자금을 지원받게 되었으니 가뭄에 단비를 만난 격이었다. 홍대용도 나경적 노인을 만나면서 그 동안 고심하며 구하던 혼천의의 원리를 알고 제작에 들어갈 수 있게 된 것이다. 이후 두 사람은 사제 내지 공동의 협력자가 되어 혼천의 제작에 심혈을 기울이지만 성과는 쉽게 나타나지 않았다. 본격적으로 제작에 착수한 지 2년여 만에야 겨우 제대로 된 혼천의를 만들 수 있었다.

실제로 혼천의는 만들기 쉬운 물건이 아니다. 중국에서는 기원전 2세기 무렵에 처음 만들어져 한반도에 전래된 이래 여러

석실서원 터 | 석실서원은 병자호란 때 척화를 주장한 김상헌과 김상용을 기리기 위해 경기도 남양주에 세웠다. 이곳에서 12세부터 유학을 공부한 홍대용은 다양한 사람들과의 교류를 통해 수학, 천문학 등의 분야에도 관심을 갖게 되었다.

차례에 걸쳐 제작되었다. 조선에서는 세종 14년(1433), 명종 4년 (1549), 효종 8년(1657), 현종 10년(1669)에 국가 주도하에 만들어 지면서 개량되었다.

지금 고려대학교 박물관은 혼천시계(국보 230호)의 부속으로 혼천의 하나를 소장하고 있는데, 이것은 현종 대에 만들어진 당시로서는 최신의 것이다. 하지만 홍대용과 나경적이 만든 혼천의는 이들보다 후대에 만들어졌으니 더욱 최신의 것이라고 할 수 있다. 또한 국가가 아닌 개인들이 사재를 들여 만든 것이라는 점에서 더욱 의의가 있다. 다만 나경적이 혼천의 제작을 마친 후 곧 세상을 떠남으로써 두 사람의 의기투합이 혼천의 하나로 끝이 난 것이 안타까울 뿐이다.

하지만 나경적의 타계 이후에도 홍대용은 천문학 연구를 계속한다. 홀로 연구를 하게 된 홍대용은 아버지의 지원을 얻어 충청도 천안에 있는 고향 집에 농수각籠水閣이라고 명명한 연구시설도 갖추었다. 이곳에는 스승 김원행이 이름 지어준 담헌湛軒이라는 루樓도 있었는데, 그의 호 담헌은 이에서 유래한 것이다. 그는 농수각에 자신이 만든 혼천의 등의 기기들을 설치한 뒤 매일 아침, 저녁으로 천문을 관측했다.

견문을 넓힌 중국행

서른다섯이 되던 영조 41년(1765)에 홍대용은 꿈에 그리던 중국에 갈 수 있게 되었다. 동지사冬至使의 서장관書狀官이 된 숙부를 수행하는 자제군관의 자격으로 가게 된 것인데, 쉽게 찾아올 수 없는 행운이었다. 비록 지금은 만주족인 청나라가 지배하고 있지만, 오랫동안 조선인들이 세계의 중심으로 여긴 중국이 아닌가. 더구나 서양 문물도 한창 이곳을 통해 전해지던 때여서 그는 상당한 기대를 하며 출발한다. 북경에 도착한 이후의 홍대용 행적은 크게 두 방면에서 관심을 끈다. 하나는 선교사들을 찾아가 서양의 과학기술에 대해 견문을 한 것이고, 또 하나는 중국의 지식인들을 만나 대화한 것이다.

홍대용이 북경의 남천주당南天主堂에서 사제인 유송령劉松齡 (본명은 아우구스트 폰 할러슈타인August von Hallerstein)과 포우관鮑友官 (본명은 안톤 고가이슬Anton Gogeisl)을 1766년의 1, 2월에 걸쳐 네 번을 만난다. 홍대용과 그 일행들은 어렵게 만난 그들에게 천주교에 관해서 묻기도 하고, 그들이 가지고 있는 과학기기들을 구경도 한다. 이때 홍대용은 어떻게 하든 그들의 과학기기들을 얻고자 그의 표현대로 강청强請도 불사했다. 「유포문답劉鮑問答」에서 그는 이때에 관한 언급을 하고 있다. 명나라 말부터 서양 선교사들이 중국에 들어와 수학과 자연과학 등을 전파하기 시작했는데, 그 뛰어남에서 중국과 비교할 수가 없다고 이야기한다. 또한 선교사들은 날씨를 귀신처럼 알아맞히고, 천문에도 신묘한 능력을 보여 마침내 중국에서도 이들의 기술을 채용하게 되었다는 사정도 전한다. 중국의 청나라는 이로 인해 천주교 및 서양 과학에 관한 공부가 바야흐로 크게 일어난 상황도 적고 있다.

홍대용은 중국 문화를 높이 여기며 살아온 조선인이다. 그런데 서양의 문물은 중국보다 앞서 있으니, 이제 그는 서양의 문물에 대한 호기심과 그것을 배우려는 열의로 가득 차게 되었다. 남천주당에서 생애 처음 망원경을 본 홍대용은 그것으로 해를 보는 체험에다 나침반에 대한 대화도 나눈다. 일기 예측과 관련해 일부 파손된 기기도 보았는데, 조선에서는 제법 선구적인 과학기술자였던 홍대용의 눈에는 그것마저도 기이하고 교묘해 보일 뿐이었다.

사행길에 오르면서 홍대용은 중국의 지식인들과 만나 얘기함으로써 국제적인 안목을 키우고 싶었다. 그렇게 해서 만난 엄성嚴誠, 반정균潘庭筠, 육비陸飛는 이후 홍대용 일생의 벗이 되었다. 그들과의 만남은 사신단 일행 중 한 사람인 비장裨將 이기성李基成이 북경의 상점가인 유리창琉璃廠으로 망원경을 사러갔다가 이들과 우연히 말을 나누면서 이루어졌다. 그 당시 엄성, 반정균, 육비는 멀리 항주杭州에서 과거를 보기 위해 북경에 와 있었는데, 홍대용은 이들과 한 달여 동안 일곱 번을 만나 문학, 철학, 역사 등 다양한 분야에 걸쳐 많은 대화를 나누며 깊은 사귐을 이루었다. 이에 관해서는 「건정동필담乾淨衕筆談」에 자세히 나와 있다. 그들의 교유는 여기서 그치지 않는다. 홍대용이 귀국한 후에도 편지가 오가고, 인편을 통해서 서로의 소식을 전하는 등 평생의 벗이 된 것이다.

그런데 여기서 흥미를 끄는 것은 홍대용이 세 사람에게 조선을 설명하는 사실이다. 서로를 알게 되면 상대에 대해 묻는 것이야 당연한 순서다. 이런 점에서 조선인과 중국인이 만났으니 홍대용은 중국, 저들은 조선에 대해 물어야 할 것인데 사실은 그렇지 않았다. 물론 서로가 자신의 고향과 산천, 인물 등에 대해 이야기는 하지만, 역사의 경우는 달랐다. 중국에 관해 세세히 알고 있는 홍대용으로서는 그들에게 중국의 역사를 새삼 물을 필요가 없었다. 반면에 중국 사람인 세 사람이 변방의 작은 나라의 역사를 거의 몰랐던 것은 당연했다. 서로의 이야기 중에 나온 조선의 역사에 대해 반정균이 관심을 보이자 홍대용은 후에 간략하게나마 그에 관한 글을 써주기로 약속한다. 이렇게 해서 후에 편지 형식으로 전해진 내용에는 단군에서 시작해 전승된 조선의 역사는 물론, 국토의 크기, 팔도의 이름, 이언적李彦迪(1491~1553), 이황, 이이 등과 같은 사상가, 박은朴誾(1479~1504)

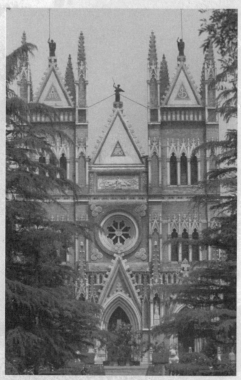

남천주당 | 1766년 1월과 2월, 홍대용은 북경의 남천주당에서 서
양인 사제 유송령과 포우관을 만나 그들을 통해 천주교와 서양의
자연과학 등에 대한 견문을 넓힌다.

과 같은 시인, 과부가 개가하지 않는 등의 풍속, 백두산을 포함
한 조선의 산에 이르기까지 다양한 것들을 언급하고 있다.

홍대용과 세 사람 사이에 이루어진 대화는 우호적이었고 이
후의 우정에도 깊이가 있었다. 하지만 이들 사이에는 보이지 않
는 문화의식의 차이가 있다. 세 중국인에게서 읽을 수 있는 중
국 중심의 '문화제국주의'를 홍대용에게서도 반면反面의 모습
으로 포착되고 있는 것이다. 반정균에게 조선의 역사에 대해 자
랑삼아 얘기를 하는 그의 모습에는 작은 나라 사람이라면 누구
나 느꼈을 비애의 감정 같은 것은 전혀 찾을 수 없다. 홍대용은
조선인이 중국 역사를 잘 아는 것이 당연하며 반면에 중국인은
조선의 역사를 잘 모르는 것 역시 당연하다는 식의 태도를 보이
고 있는 것이다. 홍대용 자신도 미처 자각하지 못한 변방의식이
그를 그렇게 만든 것으로 보인다.

자연의 이해와 주체의식

『의산문답』은 홍대용의 대표적인 저술로 평가되고 있다. 이 책
에서 홍대용은 허자虛子와 실옹實翁이라는 두 인물의 대화를 통
해 자연계와 인간, 기존의 국제질서 등에 대한 새로운 인식을
논하고 있다. 여기에 나오는 의산毉山이라는 산의 이름은 그가

귀국할 때 올라본 적이 있는, 만주의 의무려산醫巫閭山에서 따온 것이다. 이 산은 중국을 오가는 한국 사신들이 의례 들르는 길에 자리하고 있다. 홍대용이 서두에서 말한 대로 '이하지교夷夏之交', 즉 조선과 중국이 서로 교류하는 위치에 있는 셈이다. 생각해보면 그가 글의 배경을 이 산으로 삼은 것은 그저 무심코 한 것 같지는 않다. 종래의 중국과 조선의 관계에 대해 새로운 인식을 제시하고 있는 글의 내용에 비추어볼 때 의도적으로 설정한 것이 아닌가 생각한다.

이 책에서 홍대용은 음양오행설과 풍수지리설 등 자연과 인간에 관련된 여러 사항에 대한 설명을 한다. 특히음양에 대해서는 종래의 견해와는 달리 이것들이 실체의 '기'가 아니라 불[火]과 땅[地]에 관계되는 것으로 보았다. 이와 같은 그의 견해는 음양을 대대待對, 상보적相補的 관점에서 본 기존의 철학적 견해 대신 자연과학적 입장에서 보고자 한 것에서 비롯되었다. 만물을 설명하는 원칙으로 이제까지 의례 제기된 수, 화, 목, 금, 토의 오행설에 대해서도 기존의 것과는 다른 견해를 제시한다. 그는 만물을 구성하는 근본은 화, 수, 토이며, 목과 금은 그 세 가지에서 생성된 것이라고 하는, 굳이 표현하자면 '삼행설'을 제시한 것이다. 또한 그는 풍수지리설을 전혀 이치에 맞지 않는 것으로 보았고, 우주는 무한하며, 지구는 하루 열두 시간을 주기로 자전한다고 보았다.

　물론 자연과학과 관련한 그의 모든 주장이 옳은 것은 아니다. 지구의 자전 주기는 열두 시간이고 지구가 너무나 둔중하여 공전은 하지 않으며 오히려 해와 달이 지구의 둘레를 공전한다는 등 사실과 다른 말을 하고 있다. 이러한 홍대용의 주장은 어쩌면 18세기 조선 자연과학의 한계, 그가 지닌 과학적 지식의 한계로 인해 불가피한 것이 아니었을까 하는 생각이 든다. 그럴지라도 그보다 앞서 살았던 역학자易學者 김석문金錫文(1658~1735)이 지구의 자전과 공전을 모두 인정한 점을 생각하면 홍대용의 견해는 조금 실망스럽기까지 하다. 게다가 그는 해와 달에도 생물이 존재하는 것으로 보았다.

　(해에서) 태어난 것은 순수한 불을 품어 그 몸은 환하게 빛나고, 성질은 강렬剛烈하며 …… (달에서) 태어난 것은 순수한 얼음을 받아 그 몸은 맑고, 성질도 맑고 조촐하거니와 …… (지구에서) 태어난 자는 그 몸에 문채文彩가 있는 데다 잡박雜駁하며, 그 성질은 조잡하다.

　이외에도 자연현상에 대한 홍대용의 언급에서 얼른 납득이 되지 않는 것이 보이지만 역시 그가 지녔던 지식의 한계 탓으로 돌려야 할 것 같다. 어쨌든 그는 서양의 과학기술을 아주 신뢰했는데 특히 지구에 대한 학설은 전적으로 신뢰한 것 같다.

『의산문답』에서 또 하나 주목되는 것은 종래의 중국 중심 국제질서를 타파하고 있는 점이다. 그는 "사람은 그 본질에서 모두 같고[均是人], 각기 군왕을 위에 두고 있는 것도 같고[均是君王], 나라가 있는 것도 같으며[均是邦國], 나라마다 각기의 습속이 있는 것도 같다[均是習俗]"고 했다. 즉 누구나 친척과 친하고, 자기의 군왕과 나라를 존중하며, 각자의 습속을 편안히 여기게 마련이다. 그렇다면 나라를 두고, 안과 밖, 중화와 오랑캐라고 하여 구분을 두는 것은 의미가 없다. 즉 모두 '나라'이니 중국을 특별히 높일 이유가 없게 되는 것이다. 또한 오랑캐가 중국을 침입하면 '구寇'라 하고, 중국의 변방에서 무력을 쓰면 '적賊'이라고 사람들이 구분하지만 홍대용에게는 이 또한 쓸 데 없는 구분이다. 다른 나라를 침입하는 것이라는 점에서는 차이가 없기 때문이다.

이러한 생각이었기에 홍대용은 마침내 글의 마지막에서 이른바 역외춘추론域外春秋論을 제기함으로써 중국에 대한 18세기 조선의 주체성을 설파한다. '공자는 주周나라 사람이었기에 『춘추』에서 주나라를 기준으로 내외를 구분했다. 그러나 만일 그가 배를 타고 구이九夷, 즉 우리가 있는 곳에 와서 살았다면, 틀림없이 이곳을 안으로 하고, 여타의 나라를 밖으로 하는 『춘추』를 쓰지 않았겠느냐' 하는 주장을 펴고 있다. 조선이 중국의 종속적 존재가 아닌 주체적 위치에 설 이유를 당당히 내세우고 있는 것이다.

현실과 접합한 이기설

홍대용의 이기설에는 서경덕과 이이의 영향을 찾아볼 수 있다. 「답서성지론答徐成之論」에서 "천지 사이에 가득한 것은 오직 '기'뿐"이라고 한 말을 보면 기일원론자인 서경덕의 설을 연상케 한다. 그러나 "이가 그것(기) 안에 있다"고 한 홍대용의 생각은 '이'를 실체가 아니라 '기'가 하는 바의 법칙이라고 보는 서경덕과는 다르다. 즉 홍대용은 '이'와 '기'를 동시적으로 인정하고 있으며, '이'를 단순한 이름만의 법칙으로 보지 않는다.

홍대용은 정통 성리학자들이 '이'와 '기'의 관계에서 인정하는 '기'가 갖는 '이'의 주재主宰를 부인한다. 이이에 의하면 현상으로 발원해 나타나는 것은 '기'지만 그렇게 만드는 까닭은 '이'에 있다고 본다. 다시 말하면 '이'의 주재 없이는 '기'의 작용이 있을 수 없다고 본 것이다. 그런데 한편에서 그는 이통기국理通氣局이라고 하여 '이'는 본질에서 원융무애圓融無㝵하여 다를 것이 없으나 '기'가 국한되었기 때문에 그에 따라 나타나는 양상도 다르다고 보았다. 다 같은 물이라도 어떤 모양의 그릇에 담기느냐에 따라 그 담겨진 양상이 다를 수 있는 것과 마찬가지인 것이다.

그렇다면 '기'에 대한 '이'의 주재란 어떤 의미로 이해할 수 있을까? 이이의 이기설을 공부하는 사람들 대부분이 이 점에 의문을 가진 것처럼 홍대용도 마찬가지였던 것 같다. 그래서 고심한 끝에 차라리 '이'의 주재성을 부인하게 된 것이 아닌가 싶다. 인간의 심성을 '이'와 '기'로 풀이하는 경우에도 이는 달라질 게 없다. 그래서 그는 「심성문心性問」에서 이렇게 말하고 있다.

소위 '이'라는 것은 '기'가 선하면 역시 선하고, '기'가 악하면 또한 악하니, '이'는 주재하는 바가 없이 '기'가 하는 바에 따를 뿐이다.

그렇다면 중요한 것은 '기'의 양상인데 그는 그것에 대해 이렇게 설명한다.

'기'의 본체는 맑고 빈 것이어서 깨끗하거나 더러운 것이 있다고 할 수 없다. 그러나 그것이 승강비양昇降飛揚하여 서로 부딪치기도 하고 마구 움직임에 따라 찌꺼기가 생기고 고르지 않게 된다. 이렇게 되어 맑은 기를 얻어 구체화된 것이 사람이고, 더러운 기를 얻어 된 것이 (사람 외의) 생물들이다.

'기'의 양상을 이렇게 설명하는 것, 예컨대 승강비양이라는 표현까지 이이가 「답성호원答成浩原」에서 한 말과 아주 흡사하다. 홍대용이 이이의 이기설을 상당히 체득하고 있었다는 얘기가 되는데, 사실이 어떻든 중요한 것은 '기'가 고르지 못하다고 보았다는 사실이다. '이'는 어디서나 같지만 '이'처럼 고르지 못한 '기' 때문에 나타나는 현상(사물)에 차이가 보이는 것이다. 「심성문」에서 그가 예를 들고 있듯이 보석이든 오물이든 그 안에는 '이'가 들어 있기는 마찬가지다. 따라서 사람들이 구분하는 귀천은 단지 현상으로 나타난 '기'를 말하는 데 지나지 않는 것으로 홍대용은 생각했다. 그런데 모든 '이'가 같고 다만 '기'에 따라 사물이 다르다면 '이'를 성性(품성)으로 보는 성리학의 입장에서 볼 때 홍대용의 견해에 생각할 점이 있게 된다. 가령 사람과 물의 '성'도 같다고 보아야 하느냐 아니냐의 문제를 따지지 않을 수 없게 되는 것이다.

그래서 이 점을 두고 이른바 호락논쟁湖洛論爭(주장자들의 거주지에 따라 붙인 명칭)이 생겨나 18세기의 조선 지식인 사회를 떠들

썩하게 만든다. 사람과 그 외의 생물 간에는 '성'이 같을 수 없다는 것이 호론湖論, 즉 인물성이론人物性異論이고, 같다는 것이 낙론洛論, 즉 인물성동론이다. 홍대용의 스승인 김원행은 후자의 입장인데, 홍대용도 스승의 입장을 따르고 있다.

그런데 홍대용에게 인물성동론이 중요한 것은 현실을 보는 안목이 그것에서 나오고 있기 때문이다. 이미 살폈듯이 사람과 그 외의 생물 간의 '이'는 다를 게 없다고 홍대용은 생각했는데 「심성문」에서 그가 초목, 짐승, 사람의 '이'가 모두 같다고 본 것은 그 때문이다. 그런데 성리학에서는 '이', 즉 '성'에는 인의예지仁義禮智라는 도덕규범이 들어 있는 것으로 본다. 이 때문에 홍대용은 『의산문답』에서 사람과 마찬가지로 짐승이며 초목에도 예의가 있다고 본다. 사람이 가진 오륜, 짐승이 무리지어 사는 공동생활, 그리고 초목이 한 덩어리가 되어 가지를 쳐 길게 자라는 것이 모두 같은 예의라는 것이다.

그의 이러한 견해의 타당성 여부와 상관없이 사람이 그 외의 생물과 같은 점이 있다면, 사람 간의 본질은 더욱 같음을 인정하지 않을 수 없다. 그리고 그들의 생활과 관련된 것들, 예컨대 나라, 군왕, 습속 등도 본질적 의미에서 다를 것은 없다. 이미 보았듯이 홍대용이 이들 분야에서 어떤 차이도 없다고 본 근거가 바로 여기에 있다.

사회재구성론

홍대용은 「임하경륜林下經綸」에서 사회재편 내지 재구성론을 제시하고 있다. 이 글은 농사를 짓고 살면서 생각한 '나라의 다스림에 대한 구상'이라고 볼 수 있는데, 내용이 많지 않고, 깊이와 무게를 특별히 가진 글로 보기도 어렵다. 다만 홍대용의 어떤 글보다도 정치와 경제 및 사회재구성에 관해 분명한 언급을 하고 있다는 점에서 의의를 찾을 수 있다.

이 글은 행정구획, 통치체제, 세제, 인사 및 군사제도 등의 내용을 다루고 있는데, 무엇보다 능력에 따른 사회구성을 주장하고 있다. 사람은 누구에게나 장단점이 있게 마련이므로 단점을 버리고 장점을 취하여 적재적소에 인력을 배치하자는 게 그 골자다. 가령, 뜻이 높고 재능이 우수한 자는 정치인과 관료로, 둔하고 뜻이 높지 않은 자는 농군으로, 교묘한 생각을 잘 하고 손재주가 있는 자는 공업기술자로, 물건 유통으로 이익을 취하여 돈 벌기를 좋아하는 자는 상인으로, 도모하기를 좋아하며 용기가 있는 자는 군인으로 만들자고 주장한다.

홍대용이 이와 같은 주장을 하면서 표현하는 문장을 보면 그가 인물성동론을 기초로 제기한 인간의 평등성과는 다른 점을 찾을 수 있다. 그는 뜻이 높고 재능이 있는 자를 정치인이나 관료로 등용하라면서 "위로 올린다[升之於上]"는 표현을 쓴다. 반면 농군을 삼는 것은 "아래로 돌아가게 한다[歸之於下]"고 하여 낮은 데로 보내는 것임을 나타내고 있다. 직업의 귀천과 그에 따른 사회적 지위의 차등이 불가피하다는 그의 의식이 이렇게 나타난 것이다.

어쨌든 그는 사농공상으로 분류되는 신분의 기초가 능력에 따라 재편되어야 하고, 재편된 신분에 따라 각자가 열심히 일하는 생산적인 사회를 소망했다. 그렇다면 이러한 사회재편을 대체 누가 해야 하는가? 물론 큰 틀에서는 국가가 담당해야겠지만, 시장 기능에 대한 생각도 여기에서 배제되어 있지는 않아 보인다. 능력에 따른 사회재편을 주장하면서 그가 다음과 같은 말을 하고 있기 때문이다.

하는 일 없이 입고 먹으며 지내면서 직업에 종사하지 않는 자는 군장君長이 벌하고, 마을에서는 버리도록 한다.

만일 국가에서 전적으로 인력을 배치하는 것이라면 하는 일 없이 놀고 지내는 자가 있기 어렵다고 보아야 한다. 따라서 그에 따른 처벌도 생각하기 어려운 일이다. 그래서 당연한 얘기겠지만, 그가 제기한 사회재편의 구상에는 상당한 시장원리가 전제되어 있다고 하겠다. 생존경쟁 속에서 어떻든 각자가 세상이 필요로 하는 수요를 창출하며 살아야 한다는 말인 것이다.

그런데 생산적인 사회가 되는 데 가장 장애가 되는 것은 일하지 않으려는 양반들이다. 그들은 왜 일을 하지 않는가? 근본 원인은 명분을 중시하는 습속에 있다. 양반이 직접 농기구를 들고 들에 나가 일을 하면 모두가 비웃고 노예처럼 취급한다. 양반의 체면을 세워주면서 그들이 즐겨 할 수 있는 일이 관직 외에 있을 수 없는 사회에서 이는 작은 일이 아니다.

그렇다면 양반은 신분의식을 버리고 농사, 장사, 공업기술 등 무어라도 능력에 맞는 일을 해야 한다. 그래도 일하려고 하지 않는다면? 그때는 가차 없이 형벌을 내려 처벌해야 한다는 게 그의 주장이다. 일리가 있는 말이지만 너무 급진적이고, 거시적인 안목에서의 고용 창출 방안을 제시하지 못하는 점이 아쉬워 보이는 주장이다.

인간 사회와 문명에 대한 비관적 전망

홍대용에게 이상사회가 있다면 그가 '태화의 세상[太和之世]'이라고 부른 사회가 아닐까 싶다. 그것은 인간과 만물이 함께 화평을 누리는 세상이라고 할 수 있는데, 이 단계를 그는 '기화氣化'라고 칭했다. 기화의 단계에서 세상은 참으로 행복하다. 시간으로 따지면 그것은 아득한 옛날이 되겠는데, 그때에 인간은 얼마 되지 않았지만 세상 모든 일이 순조로웠다. 예지가 청명하고, 특별히 기쁘고 화낼 일도 없으며, 먹고 마시는 일을 걱정할 필요가 없었다. 새와 짐승, 자라 및 초목과 쇠, 돌에 이르기까지 만물이 그 본연의 상태를 유지하며 잘 지낼 수 있었다. 천재지변이 없으니 땅도 무너지거나 갈라질 이유가 없다.

기화의 시대에 대한 홍대용의 이러한 설명은 마치 루소가 「인간불평등기원론」에서 묘사한 '자연상태'와 흡사한 데가 있다. 자연상태에서 인간은 어떤 문명의 수단도 없이 오직 자기만족을 느끼며 살았다고 했으니, 아무런 고통이나 번민 없이 잘 지낸다는 점에서 그 둘은 차이가 없어 보인다.

그런데 홍대용에 의하면 이러한 기화의 시대, 즉 태화의 세상은 오래 가지 못했다. 그가 '형화形化'라고 부르는 단계에 들어서면서 인간의 마음은 혼탁해지고, 남녀 간에 정욕이 발동되는 등 나쁜 운수의 시대가 도래하여 화란이 일어나게 된 것이다. 사람들은 기교를 가지고 서로를 공격해 각자가 지기知己의 것을 추구하면서 쟁투를 벌이게 된다. 인간의 욕심으로 인해 초목과 짐승도 편안한 생활을 하지 못하게 되니 세상은 그야말로 어지러워진다. 기화의 시대에서는 없던 천재지변도 지금의 '형화'에서는 발생한다.

형화의 시대에 쟁난이 극에 이르면서 이제는 권력자가 생긴다. 용기와 지혜를 갖춘 데다 욕심이 많은 자가 여러 사람들을 이끄는 우두머리가 되어 상하의 질서를 이루게 되는 것이다. 약한 자는 그에 복종하면서 수고를 하고, 우두머리가 된 강자는 무리를 다스리고 병기를 만들어 다른 집단과 쟁투를 벌인다. 그리고 이로써 무고한 사람들의 삶이 상처를 입기에 이른다.

홍대용이 일종의 권력질서를 만들어내는 자를 '용기, 지혜, 욕심이 많은 자'라고 본 것은 유학자로는 좀 이색적인 관점이다. 대부분의 유학자들, 예컨대 이이의 경우에는 『성학집요』의 「성현도통聖賢道統」장에서 언급하고 있듯이 그 담당자는 '성인'이다. 훌륭한 인격과 총명함과 지혜를 겸비한 성인이 일단 권력의 정점에 서는 것으로 보고 있다. 하지만 홍대용의 경우는 인격은 뒤로 한 채 오로지 비범한 능력을 갖춘 자가 권력을 잡는 것으로 상정하고 있는 것이다. 이점으로 볼 때 홍대용은 누구보다 현실적인 안목으로 권력을 파악하고 있는 게 아닌가 하는 생각이 든다.

홍대용은 기화의 시대를 이상으로 삼았지만, 형화의 시대로 들어선 이상 다시 그 단계로 돌아가는 것은 불가능하다고 보았다. 그런 까닭에 그 역시 성인이 다스리는 지치至治(왕도정치)를 바라지만 그것도 사실은 기대하기 어렵다고 본다. 따라서 앞으로 계속 이어질 인간 사회와 그 문명에 대한 홍대용의 전망은 상당히 비관적이라고 할 수 있다. 「임하경륜」에서 제기한 능력 위주의 사회재구성도 그와 같은 비관적인 전망 앞에서는 커다란 희망으로만 남게 될 것 같다.

갈릴레이보다 그는 행복했다

이탈리아 사람 갈릴레이G. Galilei(1564~1642)는 지구의 공전과 자전을 주장했다는 이유로 로마 교황청에 의해 엄청난 탄압을 받았다. 죽어서도 공식적으로는 장례식을 치를 수 없었고, 무덤에 묘비를 세우는 것도 허락되지 않았다. 그에 비하면 홍대용은 행복했던 편이다. 그 역시 당시에는 받아들여지지 않던 지구의 자전을 주장했다. 현종 때 만들어진 혼천의를 보더라도 지구는 그 자리에 멈추어 있고, 주위를 해와 달이 도는 것으로 되어 있다. 움직이는 것은 어디까지나 하늘이지 지구가 아니라는 견해가 통용되고 있었다. 하지만 홍대용은 지구는 돌고, 작아 보이는 해는 보이는 것보다 훨씬 크다고 생각했다. 진리로 받아들여지던 기존의 학설에 대해 반기를 든 것으로 치자면 홍대용도 갈릴레이와 다를 게 없는 셈이다.

그러나 홍대용은 아무런 제재를 받지 않았다. 이러한 설을 담

은 『의산문답』을 쓴 이후에는 오히려 출세의 길을 달린다. 선공
감감역繕工監監役에 임명되고 잇달아 세자 익위사翊衛司의 시직
侍直이 되어 세손으로 있던 정조에게 강의하는 중임까지 수행한
다. 이후에도 사헌부의 감찰과 태인현감을 지내고, 얼마 되지
않아 영천군수로 승진한다.

홍대용은 『의산문답』에서 성리학을 포함한 유학의 모든 분야
의 책을 공부한 '허자'를 주저 없이 '너'라고 부르며 비웃고 있
다. 이는 곧 기존의 지식과 사회에 대한 조롱이었다. 과학적인
면에 국한해 기존의 지식에 반론을 편 갈릴레이보다 그 태도가
더욱 불손하다. 그렇다면 홍대용이 아무런 탄압을 받지 않은 이
유를 그가 속한 사회의 학문적 자유와 관련해 말할 수 있을까?
다시 말해 16~17세기의 이탈리아보다 18세기의 조선 사회가
학문의 자유를 더 누렸기 때문이라고 볼 수 있는 것일까? 적어
도 홍대용과 갈릴레이의 경우만을 두고 본다면 그렇게 결론을
내려도 큰 잘못은 아닌 것 같다.

물론 도전적 학설에 대해 기존의 세력이 거부 반응을 보인 것
은 한국에서도 마찬가지였다. 특히 주자, 혹은 그의 학설에 대
해 반대한 자는 사문난적斯文亂賊이라는 낙인과 함께 심한 탄압
이 가해졌다. 하지만 분명한 것은 학설 그 자체를 가지고 처벌
받은 자는 없었다. 반주자학설을 편 윤휴나 박세당이 비난을 받

았지만, 그들이 탄압을 받게 된 직접적 원인은 그들의 학설 때문이 아니라 정치적인 데에 있었다. 정치적인 탄압을 하려다 보니 반주자학설이 문제가 된 것이다. 더구나 주로 인문학 분야에서의 논란에 유독 민감했던 조선의 시대적 분위기도 홍대용이 갈릴레오와 같은 탄압을 받지 않은 것에 한몫을 했다고 할 수 있다. 즉 지구, 해, 달 등 자연과학에 대한 관심사는 인문학 분야에 비해 약한 편이었기에 그에 대한 제재도 내려질 여지가 적었던 것으로 생각한다.

언행과 인간적 면모

홍대용의 언행이나 인간적 면모에 대해서는 비교적 잘 알려져 있지 않은 편이다. 중국인 친구였던 엄성이 그린 홍대용의 초상을 보면 매우 단정해 보이는 모습이다. 코 아래와 턱에 모두 수염을 길러 야성적인 면이 보일 만도 한데 전혀 그런 인상이 아니다.

홍대용은 생각보다 관심의 폭이 넓었다. 음악에 조예가 깊어 늘 거문고를 연주하며 살았고, 중국에서 선교사를 만난 자리에서는 그곳에 있던 파이프 오르간을 즉석에서 연주할 정도였다. 처음 보는 악기였지만, 익숙한 듯한 솜씨로 우리 음악을 연주했다고 한다.

중국 기행문으로 한문본인 『담헌연기湛軒燕記』와 한글본인 『을병연행록』을 남겼으니 문학적 소양도 적었다고 볼 수 없다. 그가 시를 좋아하지 않았다고 하여 정감이 부족한 인물로 보는 경우가 있으나 실제는 그렇지 않았던 것 같다. 엄성, 반정균, 육비 등과 같은 중국인 친구들과의 돈독한 교류에다 박지원이며, 이덕무李德懋(1741~93), 박제가朴齊家(1750~1805), 유득공柳得恭 (1749~1807), 이서구李書九(1754~1825)와도 자별하게 지냈다.

그의 사촌동생인 홍대응洪大應이 쓴 「종형담헌선생유사從兄湛軒先生遺事」를 보면 생전의 그가 어떤 품성을 지녔고 어떤 행동을 했는지 조금은 알 수 있다. 집안에서 홍대용은 근엄한 태도로 말이 별로 없는 편이었고 누구에게나 함부로 대하지 않는 성품이어서 노비들에게도 성의를 가지고 넉넉한 마음으로 대했다고 한다. 부친이 돌아간 뒤로는 홀로 계신 모친에게 모든 일을 이야기한 뒤에 행했다고 하니 효자였을 것이다. 또한 먹고 입는 것을 아주 소박하게 했고, 혼인과 상喪에도 간소한 것을 예절로 삼았는데 실제로 그는 당대의 예절이 너무 번잡하다고 보았으며, 이것은 예의 본뜻에 어긋난다고 생각했다. 돈 쓰는 데에 일가견이 있어서 써야할 일에는 아낌이 없었지만, 그렇지 않은 일에는 단 한 푼도 쓰지 않았다고 하니 검소했음을 알 수 있다.

『담헌연기』 | 홍대용이 35세 때, 동지사의 서장관이 된 숙부를 따라 청나라의 연경에 다녀온 후 지은 일종의 청나라 연경 기행문이다.

남을 돕는 일에 그는 누구보다 앞장을 섰는데 평소 읽으며 지내던 「여씨향약呂氏鄕約」을 좇아 마을에 공동부조 사업으로 이창里倉을 세운 것도 그 때문이다. 어려운 사람이 있을 때마다 서로 돕도록 하였는데, 마을 사람들 모두가 즐거이 따랐다고 한다. 그는 자신이 어렸을 때는 매우 경솔한 편이라고 술회하면서 그래서 늘 조심하며 이를 고치고자 했지만 생각보다 쉽지 않다고 한탄하기도 했다. 상수학象數學에 관심이 많아 잠자리에서도 그에 관한 책을 보곤 했는데, 풀리지 않는 내용이 있으면 새벽이 되도록 자지 않았다고 한다. 집중력 역시 대단했던 것으로 보인다.

홍대용은 평생 시 짓는 것을 좋아하지 않아 시를 잘 쓰고자 시작詩作에 몰두해 있는 사람을 보면 광대 짓을 하는 것으로 여길 정도였다. 그러나 독서에는 열심이었는데 무조건 읽기만 하는 것은 쓸모가 없다고 생각했다. 어느 날 사촌동생 대응에게 독서법에 대하여 이렇게 말하기도 했다.

독서를 하더라도 내 몸에 체득해서 얻지 못한다면, 책은 책이고 나는 나여서 아무런 실효가 없다. 매번 한 장을 읽고 나면, 내가 이 구절을 실제 행해서 얻은 게 얼마인가를 반성하고, 만일 하나를 얻었다면, 다시 나아가 둘을 얻고자 하는 마음으로, 열심 또

열심히 하여 그만두지 않은 연후라야 오래 노력한 게 쌓여 스스
로 학문이 성숙해지는 것이다.

　홍대용은 조선 사람이 지은 책 중에 현실에 유용한 것으로 이
이의 『성학집요』와 유형원의 『반계수록』을 들었는데 특히 『성
학집요』는 중국인 친구 엄성에게 주어 그로 하여금 양명학을 버
리고 주자학으로 돌아올 수 있도록 했다. 그렇다고 홍대용이 주
자학 일변도의 편협한 학풍을 바람직하다고 본 것은 아니다. 주
자학 외의 육왕학陸王學(육상산陸象山과 왕양명王陽明의 유학)까지 널
리 배울 수 있는 중국의 개방적인 학문 풍토를 그는 높이 평가
했다.

　하지만 그는 이상주의자는 아니었던 듯하다. 고대 중국의 이
상적 토지제도였던 정전제의 회복이 불가능하다고 보았고, 그
에 기초한 왕도정치도 마찬가지로 생각했다. 하지만 불교, 도
교, 천주교를 모두 배격하고 유학만을 진리로 여기는 그의 입장
에 변화는 없었다. 그러나 노론 혹은 소론, 그리고 남인으로 갈
려 싸우는 당쟁을 늘 우려하여 "우리나라에 외침의 우려가 있다
해도 그로 해서 망하지는 않는다. 그러나 서로 당론을 가지고
공격하며 처절하게 싸우는 지경에 이르러 국맥이 끊어지고 손
상되었으니, 결국 이것이 나라를 망칠 조짐이다"라고 일갈하기

도 했다. 19세기 말 개화파와 수구파로 갈려 싸우다 결국 일본에 병합된 것을 내다보는 예언처럼 들린다.

홍대용이 남긴 것

홍대용이라는 자원에 대해 이제까지 많은 학자들이 탐사했다. 더는 발굴될 게 없을 정도로 적지 않은 성과를 이루어낸 것도 사실이다. 그러나 아직 충분히 언급되지 않은 점도 있는데, 그것은 홍대용이 일종의 형이상학인 이기설과 현실을 직접적으로 접합시키고 있다는 사실이다. 이기설에 대하여는 당시의 많은 지식인들이 언급했다. 그러나 이것을 현실과 접합시켜 의미 있는 논의를 제기한 경우는 별로 없다. 이이라면 이황과 더불어 한국의 성리학을 대표하는 인물이고, 현실에 많은 관심을 가졌던 인물이다. 그렇지만 그는 이기설과 현실 문제를 명확하게 접합시켜 논의한 바가 별로 없다. 주로 인간의 성품과 관련해 '이'에 해당하는 성性 내지 성誠과 '기'에 해당하는 기질과의 관련 문제를 언급하는 데 그치고 있다. '이름할 수 있는 모든 것을 기'라고 보는 그의 입장을 생각하면 좀더 구체성을 띤 현실철학이 기대될 만한데 이에 미치지 못한 것이다.

이에 비하면 홍대용은 인물성동론을 낳은 이기설을 통해 18

세기 조선의 주체적 입지를 세우는 데까지 나가고 있다. 당시가 요구하는 현실상의 큰 주제를 가지고 이에 이기설을 접합, 의미 있는 논의를 제기하고 있다는 점에서 주목할 바가 있다. 분량은 적지만, 뜻은 결코 작지 않은 논의를 그는 후세에 남긴 것이다.

그러나 홍대용에게도 미흡해 보이는 점은 있다. 인간의 평등과 능력에 따른 사회구성을 외치면서도 그는 노비들을 부렸으며 학문에서 행동을 강조했으면서도 학문상의 소신을 실천으로 옮기지 못한 것은 분명 미흡한 점이다.

7장

시대와
가족이 외면한
'한국 천주교의 선구자'

이벽

미결로 남은 생애

자는 덕조德操, 호를 광암曠菴이라고 하던 조선의 한 젊은 선비
가 정조 9년(1785) 여름에 죽었다. 그의 이름은 이벽李檗(1754~85)
이라 했다. 영조 30년에 태어났으니 한국식 나이로 치자면 불과
서른둘이라는 나이에 세상을 떠난 것이다. 그는 요한이라는 세
례명을 가진 천주교 신자였다.

그가 맞은 죽음의 진상은 아직도 명쾌하게 밝혀지지 않았다.
죽음의 시기부터가 우선 그렇다. 일설에는 1785년 여름이 아니
라 그 다음 해의 봄이라는 주장도 있으니까 말이다. 이벽이 죽은
원인을 두고는 더욱 말이 많다. 흑사병에 걸려 죽은 것으로 알려
져 있지만, 천주교를 반대하는 가족들에 의해 독살되었다는 주

장도 있다. 천주교를 믿으면 본인과 집안 모두에 엄청난 불행이 예견될 수 있는 시대였기에 그런 가능성도 배제하기는 어렵다.

천주교를 신봉하는 이벽에 대해 무반으로 이름 높은 집안의 반대는 아주 심했다. 심지어 그의 부친 이부만李溥萬은 아들이 보는 앞에서 목을 매어 자살을 기도할 정도였다. 가족들은 그에게 천주교를 배교하게 함으로써 그들에게 닥칠 수 있는 불행을 막고자 필사적인 노력을 한 것이다. 믿음의 차원에서도 '천주학쟁이'를 그들은 받아들일 수 없었다. 기록에는 없지만, 혹시 이벽에게 붙은 귀신을 쫓아낸다고 굿을 했을지도 모르겠다. 궁지에 몰리면 무슨 일이라도 할 수 있는 존재가 바로 사람이기 때문이다.

한때는 이벽이 배교자라는 설도 있었다. 이는 프랑스 선교사인 클로드 샤를 달레C.Ch. Dallet(1829~78)가 쓴 『한국천주교회사』와 안돈이安敦伊라는 한국 이름으로도 유명한 마리 다블뤼 Marie N.A. Daveluy(1818~66) 주교의 「조선 순교자 역사 비망기」(약칭 「비망기」)에서 비롯된 것인데, 이를 믿는 사람들이 있다면 이 역시 사실 여부가 숙제로 남겨진 셈이다. 물론 이벽은 끝까지 천주교 신자로서의 믿음을 버리지 않고 죽은 것으로 보인다. 변기영 신부가 소개하는 정학술의 『이벽전』에 나오는 다음 글을 보자.

병오년丙午年(1786)에 이벽 선생이 두문불출하게 되시었는데, 「천주밀험기天主密驗記」라는 글을 지어 부친에게 보이니, 부친이 크게 노하여 "너는 내 아들이 아니다"라고 단호하게 말씀하시었다. 그때 이벽 선생은 방안의 벽에 붓으로 큰 글씨를 쓰셨는데, "무협중봉지세사입중천 은하열숙지년금환천국巫峽中峰之勢死入重泉 銀河列宿之腴錦還天國"이었다. 후에 종적을 감추었는데, 마침내 득도하시어 6월 14일 자시子時에 운명하시었다고 한다(변기영 신부가 소개한 글을 저자가 내용은 살리면서 수식은 좀 고쳤음).

여기서는 이벽이 죽은 해를 1786년이라고 하여 1785년의 통설과 다른 점이 있지만, 임종을 전후한 그의 사정과 모습을 아는 데는 도움이 된다. 글에 보면 두문불출하게 되었다고 하는데 집안 식구들이 그를 감금하다시피 했기 때문일 것이다. 이러한 상황에서 이벽은 「천주밀험기」를 지어 자신이 천주교를 남몰래 믿게 된 체험을 기술한 것으로 생각된다. 전통의 양반인 그의 부친이 그 글을 보고 더욱 노했을 것은 너무나 당연했다. 부친이 목을 매고 죽으려 한 행동도 이 과정에서 나왔을 것이다. 누구도 이벽의 말을 듣지 않은 채 오로지 배교만을 강요했을 것도 쉽게 짐작할 수 있다. 이러한 상황에서 이벽은 죽을 수밖에 없는 자신의 운명을 예감했을 것이다. 그래서 유시遺詩로 소개되

이벽 초상 | 이승훈의 세례를 받아 천주교에 입교한 그는 우리나라 최초의 교단조직인 '가성직자계급(假聖職者階級)'을 다른 신자들과 함께 형성했다. 이는 자발적으로 수용된 조선 천주교의 모습을 보여주는 것이다.

는 한편의 글을 남긴 것으로 생각한다.

시에 나오는 무협은 중국 사천성에 있는 아주 험악한 협곡인데, 그중에서도 중봉이면 험준한 바위들로 둘러싸여 있는 최고의 봉우리라고 할 수 있다. 따라서 이벽이 자신을 '무협중봉지세'라고 한 것은 도저히 헤어날 수 없는 자기의 처지를 말하는 것이 된다. 살길은 배교밖에 없는데, 그것은 이벽이 할 수 없는 일이다. 남은 것은 그래서 죽음의 길뿐이다. '사입중천(여기서 중천은 황천과 같은 의미)', 즉 죽어서 저 세상으로 갈 수밖에 없는 것이다.

그러나 천주교 신자인 이벽에게 죽음은 끝이 아니었을 것이다. 죽음은 은하수와 수많은 별이며 달이 살고 있는 천국으로 가서 살게 되는 일이다. 그냥 가는 것도 아니요, 비단 옷 입고 호화로운 모습으로 하늘을 향해 가게 되어 있는 것이다. 이렇게 그는 죽음을 기쁘게 맞을 수 있는 천주교 신앙으로 무장되어 있었다.

이벽이 죽게 된 직접적 계기는 세상에서 말하는 '을사추조적발사건'에서 비롯된다. 이 사건의 발단은 정조 9년(1785)인 을사년에 있었던 이벽이 주도한 천주교 모임이었다. 이벽을 위시해 이승훈李承薰(1756~1801), 정약전丁若銓(1758~1816)·약종若鍾(1760~1801)·약용 형제들, 권일신權日身(1751?~91) 등이 중인 김범우金範禹(?~1786)의 집에 모여 함께 모임을 가지던 중 형조의 관리들에 의해 발각이 된 것이다. 참석자들 대부분이 양반이었으므로, 형조에서는 김범우만을 유배보내고 나머지는 성명을 밝히지 않은 채 모두 훈방했다. 하지만 사건이 세상에 알려지면서 성균관의 유생들이 이를 크게 문제 삼았고, 일부 식자층(예컨대 순암 안정복)에서도 천주교를 성토하고 나섰다. 이후 이벽은 집안사람들에 의해 철저하게 감시당하는 신세가 된다.

이벽의 종교적 신념은 오래전에 싹튼 것이었다. 사건이 일어났던 당시 그는 세례를 받고 요한이라는 세례명까지 가지고 있었다. 그의 세례는 1784년, 수표교 인근에 있는 자신의 집에서 이미 중국에서 세례를 받은 이승훈에게 받았다. 천주교를 믿는 사람들의 모임 장소도 처음에는 이곳이었다. 그러나 후에 남산 아래의 김범우 집으로 바뀌었는데, 그렇게 된 연유는 이벽 부친의 반대 때문이었다고 한다. 즉, 이벽의 집에서 모임을 가지다가 이를 알게 된 그의 부친 반대로 결국 김범우의 집으로 장소를 옮긴 것이다. 이벽의 부친은 자신의 아들이 천주교 신자라는 사실을 이미 알고 있었지만 을사추조적발사건이 터지면서 본격적으로 완강한 반대에 나선 것으로 보인다.

이벽이 언제부터 천주교를 믿고, 공부하게 되었는지는 확실하게 알 수가 없다. 그러나 그의 학문 계통이 서구 학문에 관심이 많았던 성호 이익 계열이라는 사실이 무언가를 시사한다. 이벽은 이익의 조카이자 제자인 이병휴李秉休(1710~76)에게 학문을 배웠으며 같은 학문 계열의 권철신과 깊이 교류했다. 안정복에게 배운 적도 있다고 한다. 권철신은 천주교를 받아들이는 이른바 신서파信西派의 일원이고, 안정복은 이를 반대하는 공서파攻西派였다. 이벽은 이들 중에서 권철신을 추종했는데 천주교와 관련해서는 오히려 권철신보다 앞서가는 위치에 섰다. 그는 중국에서 수입한 『천학초함天學初函』(마테오 리치가 쓴 『천주실의天主實義』도 이 안에 들어 있다) 같은 한문본 천주교 서적을 읽으면서 누구보다 먼저 열렬한 천주교도가 된 것이다.

그가 1779년(1777년 설도 있음) 정약전·약종 형제, 권철신 등이 참석한, 경기도 퇴촌면 소재의 천진암과 주어사에서 있은 강학회에 참석해 천주교에 대한 지식을 참석자들에게 설명한 일은 오늘날 잘 알려져 있다. 강학회에서는 유학을 비롯해 서구의 과학문물과 천주교에 대한 연구와 토론도 있었는데, 특히 천주교에 관한 관심이 컸던 것으로 전한다. 유학에도 조예가 깊고, 박식한 이벽이었지만 이 강학회에서는 천주교에 관한 한 주도적 인물인 셈이었다. 10여 일 간 계속된 강학회를 이끈 좌장격의 권철신도 사실은 이벽에 의해 천주교에 눈을 뜬 것으로 알려져 있다.

이벽은 이승훈에게 부탁해 정약전·약용 형제, 권철신의 아우인 일신, 김범우 등에게 세례를 주었다. 김범우는 중인이었지만 그들은 신분을 떠나 천주를 믿는 '형제'가 된 것이다. 현존하는 신분을 인정하지 않는 천주교의 가르침을 충실하게 따른 결과였다.

이승훈이 새로운 신자들에게 세례를 줄 수 있었던 것은 그가 이미 북경에서 서양 선교사들에게 세례를 받았기 때문이다. 이승훈의 세례는 그가 1783년에 중국 사행의 일원으로 가게 된 것을 안 이벽의 권유에 의한 것이었다. 이에 이승훈은 세례를 받은 것은 물론 천주교에 관한 서적과 물건들도 구해 조선으로 돌아왔다. 이 모든 것으로 볼 때 이벽은 당시에 이미 천주교에 관해서 나름대로 상당한 이해에 도달했다고 추측할 수 있다.

천주교에 관한 이벽의 깊이 있는 이해는 이승훈이 1789년에 북경의 선교사에게 보낸 편지에서도 확인할 수 있다. 이 편지에서 이승훈은 이벽을 성현聖賢으로 칭하면서 그가 천주교 서적을 가지고, 이미 많은 연구를 했다고 말한다. 이해하기 어려운 내용도 그를 통해 잘 알게 되었으며, 자신에게 천주교인으로서의 영혼을 불어 넣어준 인물도 이벽이라고 했다.

조선에 천주교가 알려진 것은 물론 이벽이 세상에 나오기 이전부터였다. 그 당시 식자들 중에는 그에 관심을 가지는 사람들

천진암 터(위)와 광암성당(아래) | 1779년의 강학회가 열린 경기도 퇴촌면 천진암의 자리에 정약종, 이승훈, 이벽, 권일신, 권철신의 묘가 이장되어 있으며 근처에는 광암 이벽을 기념하는 광암성당이 있다.

도 적지 않았다. 그러나 이벽만큼 열성적으로 달려들어 연구하고 깊은 이해의 경지에 도달한 사람은 없었다. 서양 선교사나 그 누구의 도움도 없이 오직 혼자의 힘으로 천주교의 신앙 속에 자신을 이끌고 들어간 것이다.

이벽이 천주교인이 된 것은 하나의 탈출이었고, 모험이기도 했다. 정약용이 성균관에서 유생으로 공부하던 중 정조 앞에서 『중용』을 강의하게 되었을 때 준비 과정에서 이벽에게 자문을 구했을 정도로 그는 유학에도 조예가 깊었다. 정약용은 이 강의로 인해 상당히 좋은 평판을 얻게 되었는데 그렇게 된 배경에 이벽의 존재가 있음은 물론이다. 후에 강진에 있는 유배지 다산茶山에서 『중용강의보中庸講義補』를 지으면서 서두에 이벽에 관한 추억을 담았을 정도로 정약용은 그를 존경한 듯하다. 그는 이 글에서 만약 이벽이 아직도 살아 있었다면 인간으로서의 덕과 박식함에서 도저히 자신은 비교가 될 수 없을 것이라는 말을 하고 있다. 이벽은 언변도 좋았던 것 같다. 그가 천주교에 빠졌다는 소식을 듣고 당대의 유학자인 이가환李家煥(1742~1801)이 설득하고자 찾아왔다가 오히려 설복당할 정도였다.

집안에서 보자면 이벽은 일종의 돌연변이였다. 대대로 문관이었다가 조부 대부터 무관이 되어 부친과 형제들 모두 무관의 직위를 가지고 있었는데 그는 예외였다. 무관이 아니었을 뿐더러 문관으로 출세를 한 처지도 아니었다. 그냥 보통의 지식인이었고, 무관의 집 자손으로 배울 법한 활쏘기나 말타기도 별로 좋아하지 않았던 것으로 전해진다. 천주교의 일이 아니라도 그의 부친은 이벽을 탐탁지 않게 여겼을 것이다.

이벽이 태어난 해는 1754년으로 당쟁의 종식에 힘을 쓰던 영조의 치세연간이다. 그러나 당쟁은 여전히 그치지 않았고, 국민들의 생활도 크게 나아지지 않았다. 이런 시대를 살면서 그는 기존의 유학 사상에서 어떤 한계를 느꼈을 것이다. 그러던 중 이미 조선에 들어와 있던 천주교의 교리가 공허해진 그에게 작지 않은 매력으로 다가왔다. 하지만 유학으로부터의 탈출은 국가와 사회의 엄청난 압력을 감내해야 하는 일이었다. 어쩌면 독살설까지 나도는 운명의 비극성도 그가 천주교를 수용하던 순간에 이미 배태되었다고 보아야 한다.

한국사상사에서의 중요한 일원

이제까지 이벽은 주로 한국 천주교의 창립자라는 관점에서 논의가 이루어져 왔다. 천주교를 열렬하게 믿는 측에서는 그 때문에 그를 성조聖祖, 즉 성스러운 조상이라고까지 부르고 있을 정도다. 그러나 이제는 천주교의 틀을 넘어 한국사상이라는 관점에서도 그를 살펴볼 필요가 있다고 생각한다.

천주교를 시작으로 이후 개신교까지 들어온 이래 기독교가 한국인들에게 끼치고 있는 영향은 이제 도저히 과소평가할 수 없게 되었다. 일제하에서의 독립운동가들 중에 기독교도들이 많았고, 건국 이후의 민주화 과정에서 기독교인들이 보여준 기여도 여느 종교에 비해 적지 않았다. 그런 의미에서, 한국에 기독교가 정착하는 데 선구자의 역할을 한 이벽의 존재를 한국사상사의 관점에서 보는 것은 매우 의미가 있다.

이벽은 천주교를 한국에 정착시키는 데 순교자적 역할을 한 사람이다. 국가에 의해 직접 사형당한 것은 아니지만, 가족들의 압력을 받고 결국 순교에 못지않은 죽음을 맞았기에 하는 말이다. 그런 점에서 이벽은 신라 불교의 정착에 선구자적 역할을 하며 순교한 이차돈과 비교될 수 있는 점이 있다. 두 사람 모두 새로운 종교사상이 들어오는 사상사적 전환기를 살면서 그것의 정착에 앞장 선 위치에 있었다. 기존 세력으로부터의 압박과 시련에 굴하지 않고 죽음으로써 감연히 맞서기도 했다.

그러나 죽음 이후의 양상은 각기 달랐다. 이차돈의 사후 신라에는 곧 불교가 공인되었지만, 이벽의 사후 조선에서 천주교의 공인은 즉각 이루어지지 않았다. 공인은커녕 두 번에 걸친 커다란 박해(신유박해, 병인박해)로 수많은 천주교도들이 죽임을 당했다. 이차돈이 단판 승부의 효과를 본 셈이라면 이벽은 그야말로 한 알의 밀알이 되어 오랜 세월 끝에 천주교 내지 기독교가 빛을 보게 한 것이다. 이벽이 심어 놓은 종교사상은 행동성이 강한 특징을 가지고 있다. 그것이 문제 삼을 수 있는 범위는 제한이 없을 정도다. 모든 것이 천주인 하느님의 뜻이라고 보는 입장에서 특히 사회적 문제의식이 강할 수 있는 요소가 거기에는 들어 있다. 사회적 투쟁의지를 가진 종교사상을 이벽은 이 땅에 심어 놓은 것이다.

그렇다면 도대체 천주교의 어떤 점이 이벽을 끌어당긴 것일까? 이벽의 개인적인 성향도 고려할 수 있겠지만, 이벽이 살았던 시대의 사상과 그 특성에서도 이유를 찾을 수 있을 듯하다. 천주교 유입 이전, 조선의 사상은 주로 유교와 불교, 도교로 이루어진 '종교사상'이었다. 철학을 말할 때도 이들 사상과 연계된 것이 대부분을 이룬다. 원효의 불교철학, 이황, 이이, 그리고 서경덕 등의 유교 내지 도가철학이 모두 이런 범주를 벗어나지 않는다.

그러한 맥락에서 본다면 천주교 역시 종교사상이지만, 유불도와 다른 점이 있다. 천주에게 직접 기도하고 그의 지시를 따르는 절대적 순종성을 요구한다는 점에서 차이가 난다. 과학적으로는 납득이 되지 않는 점이 『성경』에 있지만, 그에 대한 불신을 가지고는 천주교도가 될 수 없다. 오직 믿고 의지하며 따르는 것만이 허용된다.

유불도에는, 물론 사람이 필요로 하는 것의 최고 가르침(유교), 부처를 믿고 극락왕생을 바라는 자에 대한 가르침(불교), 생활에서 여러 가지로 복을 구하는 등에 대한 가르침(도교)으로서의 종교성이 있지만, 그것들의 바탕에는 철학적인 요소도 포함되어 있다. 유교에는 인仁을 핵심으로 하는 수기치인修己治人, 불교는 공空을 기초로 욕망으로부터의 인간 해탈, 도교에는 인위적인 것을 배격하고 자연 상태의 삶을 추구하는 철학이 있는 것이다. 이들 세 종교를 그 철학에 비중을 두어 유학, 불교학, 도가(도학)로 부르는 경우가 자주 있는 것도 그 때문일 것이다.

천주교도 신학이라는 이름으로 그에 대한 학문적 연구가 있는 것은 다 아는 사실이다. 그러나 신학은 이름 그대로 신을 제외할 경우 연구 대상이 없게 된다. 이에 비해 유불도는 종교적 관념이나 의식을 제외하더라도 철학으로서의 그 핵심사상은 그대로 남을 수 있다. 천주교는 철학 이전에 그야말로 종교인 것이다.

유불도에는 천주교에서와 같은 절대자가 없다. 유교에도 하늘[天]은 있지만 그것은 다분히 인간을 통해 발견되고 힘을 쓰는 존재이다. 천명天命은 인간에 의해 해석되는 것이고, 천심天心도 민심에 의해 나타나는 것으로 이해된다. 천주교처럼 인간의 의사와 상관없이 자기를 내세우고, 자기 뜻대로 하며, 자기의 뜻에 맞지 않으면 벌을 내리는 식의 존재가 아닌 것이다.

천주교에서 신도의 목표는 성경에 나타난 '하느님', 즉 천주의 가르침을 따르고 절대적으로 그것을 생활하는 데 있다. 신인 천주와 인간의 사이는 도저히 메울 수 없는 거리가 있으므로 인간이 천주가 된다는 것은 상상도 할 수 없는 일이다. 그런데 유교와 불교에서 신도의 목표는 물론 공자나 석가모니의 가르침을 따르는 것에도 있지만, 궁극적으로는 그들과 동일한 경지의 인간이 되는 데 있다. 즉, 유교의 신도라면 공자와 같은 성인, 불교의 경우는 석가모니와 같은 부처가 되는 데 있다. 노력만 하면 누구나 공자와 석가모니가 될 수 있다는 믿음이 그들 종교에 있는 것이다. 공자와 석가모니는 인간이지 신은 아니어서 그들을 따르는 신도들과의 사이에 메울 수 없는 거리가 있는 것은 아니다.

그런데 인간의 종교심은 이상하게도 초월적인 존재를 경배하고자 하는 특성이 있다. 성인으로서의 인간을 목표로 하는 유교에서 조상신을 경배하고, 불교에서 부처를 초인적인 존재로 내세우는 경우가 있는 것은 그 때문이다. 일종의 변형된 양상이다. 이벽은 이러한 점에 만족할 수 없었을 것이다. 교의 자체에서 초월적 존재를 내세우는 종교를 그는 희구하고 있었을 것으로 생각된다. 그런데 천주교는 '천주'라는 초월적 존재를 내세우고 있다. 당연히 그로서는 여기에 빠지지 않을 수 없게 된 것이다. 이벽은 중국으로 떠나는 이승훈에게 다음과 같은 말을 한 것으로 전한다.

자네가 북경에 가게 된 것은 우리가 참된 가르침을 알 수 있도록 하늘이 우리에게 주신 절호의 기회라네. 그 가르침은 성인들에 대해서 알려주는 가르침이며, 가장 높으신 하느님이시자 만물을 창조하신 분을 어떻게 섬겨야 하는지를 알려주는 가르침인데, ······ 이 가르침이 없으면 우리는 아무 것도 할 수 없다네. 또한 이 가르침이 없으면 마음과 성품을 스스로 조절할 수 없다네. 그리고 이 가르침이 없으면 사물의 근원을 깊이 알 수 없다네. 이 가르침이 없으면 임금님과 백성들이 서로 다른 의무들을 짊어지고 있다는 것을 어떻게 깨달을 수 있겠는가? 이 가르침이 없다면 삶의 기본 잣대가 무엇인지도 알 수 없다네. 이 가르침이 없다면 하늘과 땅이 어떻게 생겨나게 되었는지, ······ 또한 착한 영혼과 나쁜 영혼을 어떻게 구별하고, 이 세상이 어떻게 시작하였고 어떻게 끝나게 되는지, 그리고 영혼과 육신이 어떻게 결합하고, 선과 악을 어떻게 판단하는지, 또한 우리 죄를 사해 주기 위하여 하느님의 아들이 어떻게 인간의 모습으로 오게 되었는지,

또 착한 사람은 하늘나라에 가서 어떤 상을 받게 되고 나쁜 사람은 지옥에 떨어져 어떤 벌을 받게 되는지 등등, 유럽 사람들이 들려주는 이러한 가르침이 없다면 우리는 이 모든 것에 대해서 전혀 알 길이 없다네.

이 글을 보면 아직은 이벽이 여러 면에서 천주교를 잘 알고 있지 않다는 것을 알 수 있다. 또한 유학에 대해 풍부한 지식을 가지고 있는 그가 천주교의 가르침이 없다면 "마음과 성품을 스스로 조절할 수 없다"거나 "사물의 근원을 깊이 알 수 없다"고 한 말은 의아하다. 성리학에서의 사단칠정설과 인간이 가진 자기 조절성의 신뢰, 태극을 시초로 하는 천지만물의 창조설에서 이미 얼마든지 해답을 구했을 그인데, 이런 말을 하고 있으니까 말이다. 이어 이벽은 임금과 백성의 서로 다른 의무, 삶의 기본 잣대, 하늘과 땅이 생겨난 이치, 선악의 판단도 천주교가 아니면 알 수 없다는 말도 하고 있다. 이들 문제들도 성리학에서 얼마든지 답변을 구할 수 있는 것들인데 이벽은 천주교를 통해서만 알 수 있다고 했다.

영혼과 육신, 예수의 출현, 천당지옥과 선악에 따른 상벌 등 유학에서 답변을 구하기 어려운 문제를 제기하고 있는 것을 보면 그의 중심적 관심은 이제 분명해 보인다. 그는 유학에서 구하지 못한 초월적 존재에 대한 귀의에 이미 빠져들고 있는 것이다. 논리적일 수 있는 유학의 해법을 떠나 그것을 넘어선 믿음의 경지에서 자기가 바라는 답을 찾기로 했다고 보아야 한다.

불교에 극락지옥설이 있지만, 부처는 엄밀히 말해 인간이지 신은 아니므로 이벽은 불교에서도 만족을 구할 수 없었을 것으로 보인다. 한국인들이 오랫동안 바랐으면서도 만날 수 없던 초월적 존재, 극히 인간적인 절대자를 그는 아주 전위적 위치에서 맞게 된 것이다.

「천주공경가」와 『성교요지』

이벽은 『성교요지聖敎要旨』와 이승훈의 『만천유고蔓川遺稿』에 전하는 가사인 「천주공경가天主恭敬歌」를 남겼다. 「천주공경가」는 제목 그대로 천주를 믿고 공경할 것을 호소하는 글이며, 『성교요지』는 그 결론은 같지만 천지창조를 비롯한 성경의 내용이 많이 나온다. 현실에 대한 비판도 적지 않게 나오고 있다. 우선 「천주공경가」를 보기로 하자.

어와세상 벗님네야 이내말씀 들어보소
집안에는 어른있고 나라에는 임금있네

내몸에는 영혼있고 하늘에는 천주있네
부모에게 효도하고 임금에는 충성하네
삼강오륜 지켜가자 천주공경 으뜸일세
이내몸은 죽어서도 영혼남아 무궁하리
인륜도덕 천주공경 영혼불멸 모르며는
살아서는 목석이요 죽어서는 지옥이라
천주있다 알고서도 불사공경 하지마소
알고서도 아니하면 죄만점점 쌓인다네
죄짓고서 두려운자 천주없다 시비마소
아비없는 자식봤나 양지없는 음지있나
임금용안 못뵈었다 나라백성 아니런가
천당지옥 가보았나 세상사람 시비마소
있는천당 모른선비 천당없다 어이아노
시비마소 천주공경 믿어보고 깨달으면
영혼무궁 영광일세 영혼무궁 영광일세

이 글은 이벽이 상당히 능동적이고 적극적인 성격의 소유자
임을 보여준다. 천주를 공경하는 글이라면 자기 신앙을 다짐하
는 기도문의 형식이 될 법한데, 서두부터 타인에게 자신의 말을
들어보라며 나서고 있다. 그가 천주교의 열렬한 전도사가 되어

많은 입교자를 만들어낸 것도 그의 이런 성격에 힘입은 바가 컸을 것이다.

2행에서 5행에 걸쳐 그가 호소하는 내용에는 '어른', '임금', '효도', '충성', '삼강오륜' 등 유교적 낱말이 등장한다. 그것은 물론 이벽 자신이 유교의 정신세계에서 살아온 자임을 보여준다. 아울러 그에 기초한 체제를 정신적으로 완전히 벗어나 있지 못함을 드러내는 것이기도 하다. 그러나 그에 대한 도전의 자세를 이 글은 또한 보여주고 있다. 제5행에서 삼강오륜을 지켜가자고 하면서 하는 말은 "천주공경 으뜸일세"다. 삼강오륜이 지켜야 할 도덕이지만 천주를 공경하는 것에는 미치지 못한다는 말로 들린다. 아니면 천주공경을 하면 삼강오륜은 저절로 지키게 된다는 말처럼 들리기도 한다. 어떻든 기존 최고의 도덕률인 삼강오륜을 천주공경보다는 하위 내지 그에 포섭되는 가치로 인식하는 듯한 말이다. 천주교에 호의적일 수 없는 사람들에게 다분히 도전적으로 인식될 수 있는 말을 이벽은 이렇게 하고 있는 것이다.

유교에서 영혼불멸은 논외의 영역에 있다. 그런데 제6행에서 이벽은 "영혼남아 무궁하리"라고 하여 거침없이 이를 드러내고 있다. 이 역시 자신을 키운 유교에 대한 도전의 자세가 아니겠는가. 그는 이에 그치지 않고 계속 반론 내지 논쟁의 자세를 보여주는데, 그 대상은 유학을 공부한 선비들이다. 하지만 그들은 '있는 천당'을 '모르는 선비'인 것이다. 이벽은 이들에게 영혼불멸, 천주, 전당과 지옥이 분명히 있다고 강력하게 주장한다. 지식인들이란 실증적 논리를 중시하는 사람들이다. 그러나 이벽은 그들에게 논리로 설득하기 이전에 우선 믿어보라고 외친다. '믿어보면 당신네들은 알게 된다'고 이야기한다.

마호메트처럼 칼을 든 투쟁의 모습을 이벽이 보여주고 있는 것은 아니다. 그러나 자기가 믿는 천주와 천당지옥 및 천주공경에 대해 시비하지 말라고(11, 14, 16행) 했으니, 시비한다면 싸울 태세가 아닌가. 기존 체제와 사유에 대해 투쟁을 불사하겠다는 의지를 드러내고 있는 것이다. 이벽은 불교에 대하여도 '불사佛事공경하지 말라'며 반대한다. 오직 천주만을 믿는 사람이 되자는 것이다. 하느님 외에 그 어떤 신앙의 대상도 용납하지 않는 열렬한 천주교 신자의 모습이라고 하겠다.

하지만 이렇게 보면 이벽은 매우 전투적인 사람일 듯하지만 실제로는 그렇지 않았던 것 같다. 정약용이 쓴 「우인 이덕조 만사友人李德操輓詞」에는 그가 하늘에서 내려온 신선인듯 피부가 흰데다 맑고 고상한 풍모를 지닌 것으로 적혀 있다. 목소리가 컸다고 하지만 전투적인 모습과는 좀 거리가 있었을 듯싶다. 그러나 을사추조적발사건 이후 집안의 온갖 감시와 압박 속에서도 끝끝내 자신의 믿음을 지킨 것을 보면 이벽을 '조용하고 고상한 신선의 모습'으로만 볼 수 없다. 의외로 속은 단단한 외유내강형의 인물이었던 것으로 생각된다.

『성교요지』는 「천주공경가」에 비해 분량이 많고, 천지창조, 인간의 원죄, 예수의 탄생과 행적 등 성경의 얘기들을 많이 담고 있다. 또한 당시의 현실 모습, 특히 관직에 있는 양반들의 파당, 아첨 등에 대한 비판도 눈에 뜨인다. 이 글에는 각각의 절마다 본문보다 작은 글씨로 주를 달아 이해를 돕고 있다. 이벽이 여기에서 유교의 용어, 예컨대 성의誠意, 정심正心을 쓰거나 공자를 포함한 유교에서의 성인들을 언급하고 있는 것은 불가피했을 것이다. 천주교를 설명하기 위한 수단으로 사람들이 잘 아는 유교의 개념과 인물들을 동원할 수밖에 없었다고 본다.

글의 서두에서, 사람이 있기 전에 창조주인 상제上帝가 있다고 했는데 물론 이것도 유교에서 사용되는 용어이다. 그런데 이벽은 천주교를 따라 이 상제가 유일진신唯一眞神이며 무성능차無聖能此, 즉 이토록 능한 성인은 없다고 했다. 상제가 천지를 창조하고 인간을 만드는 등 못하는 일이 없는 유일의 신인 이상 과연 그에 견줄 성인은 없다는 것이 그의 생각이다.

유교에서 높이는 공자가 이에 비교될 수 없는 것은 물론이다. 자세히 보면 이벽은 공자를 별로 높이는 태도가 아니다. 『성교

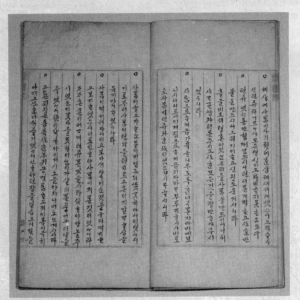

「성교요지」 | 이벽의 유일한 저작으로 그의 신앙과 사상, 그리고 성서에 대한 철저한 의식을 잘 보여준다.

요지』의 마지막 절(제49절)에서 창조주를 가리켜 "힘써 신료들을 거느림에서는 우탕요순이요, 세상을 경계하고 바로 잡음에서는 중유仲由(공자의 제자, 자로子路), 민손閔損(공자의 제자, 민자건閔子騫), 공자, 맹자로다"고 한 것을 보라. 공자를 맹자는 물론 그에 미치지 못하는 것으로 평가받는 중유, 민손과 같은 열에 두어 말하고 있는 것이다.

『성교요지』에서 우리는 두 가지 사실을 눈여겨볼 필요가 있다. 하나는 이벽이 매절에 대한 주에서 자주 영복永福, 즉 영원한 복을 설파하고 있는 점이며, 다른 하나는 천주교만 믿으면 모든 것이 만사형통할 것처럼 천주교에 전능성을 부여하고 있다는 사실이다. 이벽이 영복을 말하고 있는 내용은 예컨대, '예수의 도[耶蘇之道]'는 세상을 구제하여 모든 사람들에게 영원한 복을 누리게 하려는 데 있다는 식이다. 천주교를 믿음으로써 죽은 뒤 천당에 가서 행복을 누리자는 얘기이다. 물론 천주교를 믿어 현세에서 누리는 행복의 의미도 없지는 않다. 그러나 영복은 사후의 행복을 더 강조하고 있는 것으로 생각된다.

불교가 한국에 들어오던 때도 사람들은 그것을 신앙으로 믿음으로써 자신에게 올 수 있는 복을 바랐다. 『삼국사기』에 보면 불교가 들어온 지 얼마 안 되던 고구려의 고국양왕 9년(392) 3월에 그와 관련된 왕의 교지가 나온다. 내용은 "불법을 숭신하여

복을 구하게 하라[崇信佛法求福]"는 것인데, 종교와 복의 연계는 인간 사유에서 불가피한 듯하다. 그런 의미에서 이벽의 영복에 대한 설파도 비난하거나 문제 삼을 필요는 없다고 본다.

이벽에 의하면 천주교가 시행되는 사회에서는 사농공상의 신분적 차이가 없다. 노비도 불쌍히 여겨지고 보호를 받게 된다. 버려진 동산[廢園]은 즐거운 땅[吉壤]이 되고, 노래하고 마주하여 속임이 없게[頌對誰欺] 된다. 이로 해서 거리에는 노래가 울리고 산골짜기에서도 이에 응하는 양상이 나타난다[街歌谷應]. 파당과 착취를 일삼는 지배층의 굴레를 벗어나 그야말로 현세의 낙원이 이루어지는 셈이다.

그러나 이벽이 미처 생각하지 못한 것이 있다. 세상에는 종교적 가르침, 혹은 철학 등 여러 사상이 있지만 그것의 이상향이 제대로 구현된 적은 없었다는 사실이다. 게다가 아무리 이상적인 종교, 사상이라 해도 그것을 실천하는 인간의 마음이 바르지 않으면 차라리 없느니만 못 하다. 13세기 이탈리아에서는 성당의 신자도 은연중 빈부에 따른 구분이 있었고, 16세기에 교황청은 부당한 면죄부의 발행에 항의하는 루터를 파문했다. 18세기의 프랑스에서는 종교재판의 위력을 빌어 예수상 앞에서 탈모하지 않는다는 이유로 젊은이들을 살해했다. 중요한 것은 사상보다 그것을 실천하는 인간이다. 천주교가 낙원의 세상을 가져

올 수 있다고 본 이벽의 생각은 호감이 가는 것 앞에서 인간이
얼마나 단순할 수 있는가를 보여준다.

볼테르와 르낭, 그리고 이벽

생각해보면 이벽은 프랑스의 사상가인 볼테르Voltaire(1694~1778)
와 조제프 르낭J.E. Renan(1823~92)과 비교될 만한 점이 있어 관
심을 끈다. 이벽은 이미 보았듯이 유학의 세계에서 천주교의 세
계로 들어간 사람이다. 자기가 속한 기존의 정신세계를 떠나 다
른 세계로 들어간 경우인데, 볼테르와 르낭도 이점에서는 다를
게 없다. 두 사람 모두 천주교의 세계에서 이성의 세계로 탈출
을 도모한 공통점이 있다.

볼테르는 10대에 천주교 계열의 예수회 학교를 다녔으나, 신
의 존재에 의심을 품고 마침내 무신론자가 된다. 이후 그는 인
간의 이성을 신봉했으며 실증주의를 존중하는 서양의 대표적인
철학자가 되었다. 르낭의 경우는 볼테르보다 사상의 전향에서
더 심한 데가 있다. 신부가 되고자 신학교에 들어갔다가 기존의
성서 해석에 의문을 품고 결국 신학교를 떠났기 때문이다. 이후
그는 자신의 독자적인 성서 해석을 담은 『그리스도교 기원사
Histoire des origines du christianisme』를 출간해 반향을 일으켰다.

모두 일곱 권으로 이루어진 이 책에서 가장 논란이 된 것은 제1권인 「예수의 생애(예수전)」였다. 그는 여기에서 『성경』에 나타난 예수의 초인간적인 요소를 제거함으로써 '반정통적 성서 해석'의 기치를 들었다. 그 역시 볼테르와 마찬가지로 인간 이성에 대한 신뢰와 실증주의를 지지하는 입장이었다.

이벽은 볼테르와 르낭이 버린 천주교를 통해 유교에서 느낄 수 없던 기쁨을 맛본다. 천지창조나 대홍수, 예수의 부활 등 도저히 믿기 어려운 『성경』의 내용들도 그대로 받아들인다. 유교의 경전에는 초자연적인 내용이 별로 없다. 읽는 사람 누구나 인과적 관계를 통해 납득할 수 있는 내용들이 대부분이다. 볼테르가 공자를 가리켜 이성으로 사람들을 계발한 인물로 본 것도 아마 그래서일 것이다. 그런데 이벽은 공자가 가르친 유교를 버리고 비이성적인 내용을 가진 천주교의 세계로 뛰어들었다. 「천주공경가」에서 말하고 있듯이 이치로는 얼른 납득이 가지 않으니까 믿어보자고 하면서 말이다. 볼테르와 르낭의 경우는 어떤가? 행로에서 이벽과는 정반대다. 그들은 비이성적인 것으로 본 천주교를 떠나 이성을 신봉하는 길을 찾아들었다. 절대자를 버리고 인간 이성을 최고로 하는 세계를 찾아간 것이다.

천주교 신자가 되느냐 이성지상주의자가 되느냐 하는 것은 결국 당사자의 선택 문제이다. 실제의 세계에서는 그럴 수밖에

없다는 말이다. 이벽, 볼테르, 르낭은 각기 천주의 신과 이성의
신을 선택한 것이다.

이벽만이 중심일 수 없는 삶

누구나 삶의 주인공이고자 한다. 철학자들이 흔히 하는 말로 하
자면 누구나 삶의 주체로 살아가고자 하는 것이다. 그러나 누구
라도 타인의 삶속에서는 주체일 수가 없다. 나의 삶의 방식이 언
제나 옳은 것도 아니고, 내가 생각하는 것만큼 나라는 존재가 반
드시 대단하게 여겨지는 것도 아니다.

　주체인 나에 비해 주체 아닌 나는 어떤 면에서든 한층 격하된
존재일 수밖에 없다. 나의 고통에 비해 남의 고통은 대수롭지 않
게 보일 수 있고, 나에 대해서라면 도저히 보일 수 없는 몰이해
를 타인에게 보일 수 있다. 가장 친근할 수 있는 모자母子 사이에
서도 이런 점은 종종 발견할 수 있다. 대부분의 사람들이 나, 더
넓게는 우리에 대한 미화, 또한 그와 상극관계일 수 있는 대상에
대해 폄하할 수 있는 까닭도 마찬가지다. 자기중심적인 인간은
어떤 형태로든 일단 자신에게는 유리한 해석을 내리며 살고자
하기가 십상이다.

　이벽과 그를 둘러싸고 있던 사람들의 모습을 삶의 차원에서

보자면 위의 경우처럼 이해할 수 있다. 이벽은 찬양받을 수도 있지만 그렇지 않을 수도 있는 존재이다. 이벽이 산 18세기의 조선 천주교도들에게 그는 더할 수 없이 훌륭한 존재였다. 그러나 천주교를 부정적으로 본 사람들 그리고 그의 배교를 강요한 집안사람들에게 이벽은 비난받아 마땅한 인간이었다. 아버지나 형제들에게 그는 어떤 말도 통하지 않을 정도로 편협한 사고방식을 가진 그런 존재였을 것이다.

이벽을 중심으로 삼고 보면 그의 반대자들은 주변적인 인물로 보일 수 있겠지만, 일률적으로 누가 더 훌륭하고 아니고의 차이로 비교할 수는 없다. 이벽의 반대자들 그리고 천주교를 반대한 자들에게 답답한 측면이 있지만, 당시에 그들이 가진 반기독교적 입지를 무조건 비난만 할 수 없다. 그들 또한 자신들을 중심 삼는 입장에서 이벽을 좋지 않게 볼 이유는 분명 있는 것이다.

공동의 삶, 공동의 역사에서 누가 중심이고 누가 주변인인지 단정하는 것은 위험하다. 같은 맥락에서 무엇이 중심이고 무엇이 주변의 것으로 취급하는 것 역시 바람직하지 않다. 공동의 삶과 역사 혹은 문화는 그 어떤 것, 그 누구를 중심권에 부상시킬 수 있는 묘한 성격을 가지고 있다. 자유, 평등, 그리고 다양한 이데올로기와 주장이 나올 수 있지만, 그 어떤 것에도 '절대적인 타당성'은 없다. 천주교인들에게 '성조'일 수 있는 이벽이지만, 모든 사람들에게 이벽이 그러한 존재로 생각될 수 없는 것도 그 때문이다.

8장

역사에서
사라진
'비운의 사상가'

유수원

홀로 서 있는 실학자

실학자 유수원柳壽垣(1694~1755)을 보면 우선 홀로 서 있는 것이 눈에 띈다. 그는 18세기를 주로 살았지만, 같은 시대를 산 실학자들, 예컨대, 이익, 안정복, 홍대용, 박지원 등과 어떤 형태의 교류도 없었던 것 같다. 실학자로서 그를 둘러싼 스승이나 제자 관계도 드러난 것이 없다. 그 시대의 실학적 조류를 자기 한 몸에 체현한 사람이면서도 어떤 누구와도 연계되는 바가 없이 역사에 그는 홀로 서 있는 것이다. 관직에서는 지방관(낭천현감, 단양군수 등)을 많이 한 편이지만, 중앙 정계의 파란 속에서 역적으로 몰려 죽은 것도 다른 실학자들과 다른 점이다. 대부분의 실학자들은 아예 평생 관직에 종사하지 않거나, 설령 하더라도 그로 인해 역적이라는 이름을 들으며 죽은 경우는 없었다.

실록(『경종실록』, 『영조실록』)에 나오는 그의 활동 내용을 보면 소론이면서도 강경파에 속했다. 경종 말년에는 소론의 중심인물이었던 김일경金一鏡(1662~1724)을 추종한 흔적이 보이고, 영조 31년(1755) 5월에 사형을 당할 때도 김일경과의 관계가 거론되고 있을 정도이다. 당쟁이 그를 비껴가지 않았으며 그 역시 당쟁의 한가운데에 발을 들여 놓은 듯하다. 주로 재야에서 개혁을 외치며 생애를 보낸 다른 실학자들과는 확실히 달랐다고 할 수 있다.

그의 생애는 대략 세 단계로 구분할 수 있다. 출생 이후 스물넷까지의 성장과 수학기, 스물다섯에 과거에 합격하면서 시작된 근 25년 동안의 관료 생활, 그리고 은퇴 이후 약 10여 년에 걸친 야인 생활이 그것이다.

중앙에서 크게 출세는 못 했지만 비교적 무난할 수 있었던 생애는 대역부도大逆不道의 죄로 사형되는 비극으로 끝났다. 그가 어떤 내용의 역모를 꾸몄는지는 『영조실록』을 보아도 분명하게 알 수가 없다. 사형당하기 직전 유수원이 영조의 친국에 답변한 내용을 보면 왕과 그 측근 신하들을 비방한 것이 주된 혐의로 나타나 있다. 그렇다면 무슨 역모를 꾸민 것이라기보다 정치적 파쟁에 휩쓸린 일종의 설화舌禍로 생각된다. 영조에 의해서 철저하게 탄압을 받은 소론의 강경파로 말을 함부로 하고 다닌 이유 때문이 아닌가 한다.

유수원이 오늘날 이름을 남기게 된 것은 마흔 전후에 저술한 것으로 짐작되는 『우서迂書』에 의해서다. 책의 제목이 '세상 물정에 어두운 책'이라는 의미를 담고 있음에도 내용은 그렇지가 않다. 『우서』는 당시의 문제점들을 예리하게 짚으면서 동시에 정치, 경제, 사회 등 각 방면에서 경청할 만한 내용들을 담고 있어 그의 남다른 통찰력과 비판의식을 엿볼 수 있다.

유교의 고전과 중국 중시

현실 문제에 관심을 가지고 문제의 대안도 제시한 유수원이지만, 그에게는 매우 이상주의적인 면이 있다. 그는 『우서』의 「논비국論備局」에서 신라, 고려를 비롯해 자신이 살고 있는 조선에 이르기까지 국가는 유학자에 의한 학문적 은택이 없었다고 본다. 이 말은 그동안 유학자가 없었다는 얘기가 물론 아니다. 유학자가 있었지만, 그들의 학문이 실제로는 국민들에게 혜택을 베푸는 정도에 이르지 못했다는 의미로 해석할 수 있다. 조선의 주류 학문이었고 철학적으로 심화된 성리학도 이 점에서는 다를 게 없었다고 본 것이다. 그러나 오래된 집안에는 더러 볼만

한 '예의'가 있는데, 이것은 퇴계 이황에 힘입은 것이라고 한다. 이황이 교육을 통해 남긴 긍정적 역할을 평가하는 셈이니, 일부 나마 유학자의 역할을 수긍하는 것으로 볼 수 있다.

그의 이상주의는 『주례周禮』를 존중하는 데서도 나타난다. 이 책은 유교의 고전적 정치제도를 제시하고 있는 책으로 그 내용을 그대로 현실에 적용하기란 매우 어려운 것으로 인식되고 있었다. 16세기의 선조 대에 허엽은 『주례』를 거론했다가 왕에게 면박을 당한 일이 있을 정도였다. 하지만 유수원은 「논어염정세論魚鹽征稅」에서 『주례』를 원용하여 자기 견해의 정당성을 말하고 있기도 하다. 예컨대 상인에 대한 과세를 두고 그는 『주례』(권 4, 지관 사도하地官 司徒下)에서 이를 자세히 다루고 있는 점을 들어 그 정당성을 설파한다. 만일 그것이 정당하지 않은 것이라면 『주례』를 만든 주공周公이 그에 관한 규정들을 만들었을 리가 없다고 보는 것이다. 무조건 주공의 권위를 빌어 말하는 점에 문제가 있지만 『주례』에 담긴 이상주의로 현실 문제를 진단하는 안목은 탁월해 보인다.

「논여제論麗制」에서는 고려의 노비제도를 비판하면서 『서경』에 나오는 "형벌은 자손에게 미치지 않는다"는 말을 원용하고 있기도 하다. 조상의 잘못을 그 자손에게까지 연좌시키는 노비제의 문제점을 지적하면서 유교의 정치 고전인 『서경』의 기록을 내세우고 있는 것이다. 현실 개혁의 기준이 하, 은, 주 3대의 선왕들이 이루어 놓은 제도에 있다고 본 그이므로 이러한 언급도 나올 수 있었던 것이다. 이외에도 『우서』에는 그가 주장하는 거의 모든 것에 3대의 제도와 『주례』 등의 경전을 인용하고 있는 것이 보인다. 하지만 유수원은 자신이 인용한 내용에 담긴 원리를 존중하되 현실의 상황을 함께 고려할 것을 주장한다. 「논비국論備局」에서는 유교 경전을 본원으로 하고 역사서 등을 참조, 보완하는 방향에서 세밀하게 현실의 제도 개혁에 임할 것을 주장하고 있다. 이 과정에서 그는 토론의 필요성을 말하고 있는데, 이는 독단적인 경전 해석이나 문제의식을 경계한 이유 때문이 아닌가 한다.

그는 자신이 존경하는 성인들과 가치의 우선으로 삼은 유교의 경전들이 중국의 것이어서인지 거의 모든 일에 중국의 것을 모범으로 삼으려는 경향을 자주 보인다. 예컨대 관직의 운영, 영농 등에서 중국은 이렇게 하는데 우리는 그렇지 못하다는 식이다. 중국 것이 훌륭하니 그것을 배우고 따라야 한다는 생각인 셈이다.

언론관과 인사론

유수원은 언론이 유용한 것으로 본다. 그러나 「논학교선보지제 論學校選補之制」에서 언급하고 있듯이 당시 걸핏하면 시위로 자신들의 견해를 집단화하는 유생들의 태도에는 비판적이었다. 언론은 필요하되 학생의 신분으로 나라 일을 두고 지나치게 자신들의 견해를 표출하는 것은 바람직하지 않다고 본 것이다.

그는 「논물의論物議」에서 오늘날의 여론에 해당되는 물의物議 내지 물론物論에 대해서도 언급하고 있다. 그에 의하면 참된 '물론'이란 아무런 이해관계가 없는 사람의 공심公心, 공론公論을 의미한다. 하지만 세상의 '물론'은 반드시 그렇지는 않으며, 오히려 여러 사람의 이해관계가 뒤얽혀 나타나는 것이라고 보았는데 그는 이것을 '여인지송輿人之誦'(뭇사람들의 말)이라고 불렀다. '송'에는 '외운다'는 의미도 있으니 그가 말하는 '여인지송'에는 군중심리에 의해 타인이 말하는 것을 그대로 외워 이야기하는 것도 포함된다고 볼 수 있다. 진실과 진실 아닌 것이 뒤얽혀 나타나는 말이 '여인지송', 즉 '물론'이라고 본 것이다. 그러므로 그의 입장에서 정치를 하는 사람은 일일이 '물론'에 구애될 필요가 없다. 민심을 존중한다는 입장에서 여론에 귀를 기울이되 반드시 그것을 따를 필요는 없다는 말이다. 온 세상이 비난하는 것이라고 해서 모두 나쁜 것이 아니고, 온 세상이 칭

찬하는 것이라고 다 훌륭한 것도 아니라는 그의 말은 바로 이를 강조하는 것이 된다.

「논관제연격득실論官制年格得失」 등에서는 객관적인 인사제도의 운용을 역설하고 있다. 당시의 과거제도에 대하여 비판적이면서도 천거에 의한 이른바 공거貢擧나, 문벌에 의한 음사蔭仕보다 과거를 중요시한 것도 그 때문이다. 과거가 공거나 음사보다 인재 등용에 객관성을 가진 제도라고 본 것이다. 물론 과거는 행실보다 글을 너무 우선하는 점이 있음을 지적하는 것도 잊지 않았다.

그는 관리의 인사고과에서 징계의 사례는 있되 승진의 예가 없는 것, 아전에게 봉급이 없는 점을 문제로 지적했다. 특히 아전들에게 정해진 봉급이 없는 것은 그들의 부정을 초래하는 것이라고 보아 개선을 요구하기도 했다. 하지만 조선의 『경국대전經國大典』 「이전吏典」 포폄褒貶조를 보면 인사고과에 따른 상벌이 규정되어 있다. 이에 따르면 경관직京官職의 관원(중앙의 공무원)은 소속 관청의 당상관이나 제조가, 외관은 소속 관찰사가 매년 6월과 12월에 성적을 매겨 왕에게 보고하도록 되어 있다. 그리고 이에 따라 상벌이 내려졌다. 유수원이 승진의 예가 없다고 한 것은 법규에는 명시되어 있지만 실제로는 그런 사례가 별로 없다고 보아 한 말로 생각된다.

상공업진흥론

유수원에게서 특히 볼 만한 것은 상공업진흥론이다. 그는 상공업의 종사에 신분적 차별을 두지 말도록 요구한다. 농민은 물론 양반도 상공업에 종사할 수 있도록 하자는 의미다. 그는 양반들의 생계를 위해 특히 상업이 필요하지만 「총론사민總論四民」에서 언급한 것처럼 양반이 상공업에 종사할 경우 과거 응시의 자격 제한, 세속의 천대가 문제라고 보았다. 그가 사농공상이라는 고착된 계급과 문벌의 폐지를 주장한 것은 이의 해소를 위한 방책일 것이다. 사농공상은 어디까지나 직분에 따른 구분에 지나지 않으므로 이들 모두에게 과거 응시의 기회를 주어야 한다는 것이 그의 주장이다. 사농공상을 신분으로 고착할 것이 아니라 능력과 자질에 따라 상호 이동 가능한 업종으로 인식해야 한다는 생각이었다.

양반들의 상공업 종사는 후대의 박제가나 홍대용도 주장한다. 하지만 박제가가 서얼 출신임을 생각하면 양반인 유수원의 이와 같은 주장은 파격적이기까지 하다. 더구나 그는 양반이 종사할 만한 상업으로 서방書坊(인쇄업 내지 출판업) 등을 거론하기도 했다. 자본이 어느 정도 있는 양반의 경우 그 직업에 종사하면 다른 양반들의 문집 제작과 같은 수요가 있으므로 고용인을 두고 돈벌이를 할 수 있다고 보았다. 서방은 그 이름이나 일의 형태 등 무엇으로 보아도 양반의 격에 별로 어긋나지 않으니 그들이 할 만한 상업이라 생각한 것이다. 홍대용이나 박제가가 무조건적인 양반의 상업 종사를 거론한 데 비하면 유수원은 작지만 구체적이고 참신한 발상을 하고 있는 셈이다.

그의 상공업진흥론은 「논상판사리액세규제論商販事理額稅規制」에서 상업의 전업화專業化, 운영의 체계화를 주장하는 것으로 나타난다. 상업의 전업화를 위해 그는 특히 상품별 종류에 따라 전문상가를 설치해 매매가 이루지게 할 것을 주장한다. 또 돈 많은 자본주가 고용인을 두거나 자본을 합작하여 기업의 형태로 운영할 것도 주장했다. 전문화에 따른 상인과 고객의 이익, 그리고 규모의 경제성 등을 모두 갖춤으로써 이익을 더욱 높일 수 있다고 보았기 때문이다. 또 상업상의 거래 내역을 소상하게 기록한 장부를 갖추고 이를 정부에 신고함으로써 보다 체계적인 상업 활동이 되도록 하는 것이 좋겠다고 했다. 이 모든 것은 영리가 제대로 이루어지는 상업이 될 수 있도록, 그리고 정부의 입장에서는 세원을 제대로 포착, 과세할 수 있도록 하자는 생각에서 제기한 주장이다.

그는 상업이 활발해져 점포가 늘어나는 데 따른 고용유발 효과도 지적했다. 점원, 물건 조달, 점포 건축 등 여러 방면에서 취업이 이루어지는 부수적 효과가 발생할 수 있다고 본 것이다.

화폐관과 물가에 대한 관심

유수원이 살던 18세기의 조선에는 화폐제도가 제대로 확립되어 있지 않았다. 통일적인 주조기관이 없어 개인에 의해 무단으로 만들어진 것이 유통되거나 포목이 화폐 대용으로 사용되는 경우도 있었다. 이에 따라 경제 생활에 많은 혼란과 불편이 야기될 수밖에 없었기에 그는 「논전폐論錢弊」에서 개선책을 제시하고 있다. 그는 우선 화폐(동전)가 생활에 유용하다는 것을 역설한다. 그래서 일정 기준에 의한 통일적인 주조와 그에 대한 관리를 통해 필요 이상의 화폐를 만드는 것을 금하자고 이야기한다. 경제 현실을 고려해 과도하거나 모자라지 않는 적정 수준의 통화량을 그는 생각한 것이다.

그는 물가 안정에도 많은 관심을 가졌다. 특히 「논견휼진구論遣恤賑救」에서는 '흉년에 빈민을 구제하는 방책으로는 물가를 안정시키는 것보다 더 좋은 것'이 없다고 주장했다. 국가가 그들을 무조건 도와주는 것보다 물가를 안정시켜 그들의 구매력에 손상을 주지 않는 것이 낫다고 본 것이다. 물가 안정을 위해 그는 물류의 원활화를 주장하면서도 국가의 행정력에 의한 통제에 주안을 둔다. 물가를 시장에 맡길 경우 상인들의 농간으로 폭등할 것을 우려했기 때문이다. 실제로 그는 당시 백성들의 생활에 긴요한 소금의 매매를 국가가 관리하도록 요구했는데 이는 상인에 대한 불신이 그 이유였다. 물론 그는 상인들이 선천적으로 이익 추구에 혈안이 된 부류로는 보지 않았다. 다만 이익에 민감할 수밖에 없는 그들의 업종상의 특성과 그에 따른 폐해를 우려한 것이다.

그러나 그가 주장한 '국가가 주도하는 물가'에는 문제가 있다. 무엇보다 수급 관계를 무시한 국가에 의한 통제 가격은 상인의 이익을 보장하기 어렵고, 결국 상품의 원활한 유통을 저해할 것이기 때문이다. 유수원보다 불과 수십 년 뒤늦게 활동한 영국의 애덤 스미스Adam Smith(1723~90)가 시장의 자유로운 기능을 옹호한 것과는 대조적이다. 유수원은 시장의 기능을 너무 윤리적인 면에서만 생각한 것이다.

유수원이 주장하는 '국가에 의한 시장 통제'에는 또 다른 문제도 있다. 그가 『우서』에서 자주 지적한 대로 부조리와 비능률이 적지 않은 당시의 국가 실정에서 과연 공정한 물가 통제가 가능할 수 있었을지가 의문이다. 관원들과 상인들이 야합한다면 외형과 실질이 다른 이중적인 가격 질서가 형성될 가능성도 있었기 때문이다. 예컨대 정부가 고시가를 외치면서도 실제로는 그보다 높은 값이 아니면 판매를 하지 않는 사태가 공공연히 이루어질 수 있는 것이다.

어떤 형태로든 국가에 의한 가격 통제는 상인들의 영리 활동에 상당한 제약을 가할 것이 틀림없다. 결국 유수원의 상업진흥론은 역설적으로 상업 활동을 해치는 결과가 야기될 수 있음을 필연적으로 보인다. 시장의 속성을 그가 잘 파악하고 있었다고 볼 수는 없다.

차별 철폐와 사회 통합

유수원은 지역에 따른 차별로 해서 국민적 통합이 저해되는 것을 바람직하지 않은 것으로 보았다. 특히 서북 지방인에 대한 차별을 철폐해야 한다고 보았는데, 후에 '홍경래의 난'이 이 지역에서 일어난 것을 보면 그의 주장은 앞날을 예견한 것이었다. 또한 부모의 도덕적 타락을 이유로 그 자손의 등용에 차별을 두는 것도 옳지 않다고 보았다. 도덕적 연좌는 개인의 불만을 야기하고 결국 국민적 통합과 인재의 활용에도 이롭지 못하다고 본 것이다. 연좌제에 대한 그의 비판적 입장은 각종의 어떤 이유에 의한 차별도 정당하지 않은 것으로 나타나고 있다. 「논여제論麗制」(고려의 제도를 논함)를 보면 상공인, 악공樂工, 노예 및 불충, 불효한 자의 자식이라고 과거 응시를 불허한 것은 이해하기 어려운 일이라고 주장한 것을 찾을 수 있다. 역적의 자손이라도 필요하면 등용해야 한다는 입장이니 당시로는 참으로 하기 어려운 주장을 그가 하고 있는 셈이다.

상공업진흥론에서 보았듯이 유수원은 사농공상의 계급적 차별을 철폐해야 한다고 보았다. 이 역시 국민적 통합을 위한 견해로 평가할 만하지만, 양반이라는 태생적 한계는 그의 평등론에도 한계를 낳았다. 그는 노비에 대해 그들의 과도한 노동을 덜어주기만을 주장했을 뿐, 노비제도 자체에는 그것의 철폐 의사를 보여주지 않고 있다. 고려의 노비제도를 가혹하다고 비판한 그가 이러한 보수적 견해를 보이고 있는 것은 의외이다.

그의 보수성은 서자, 즉 첩의 자식들에 대한 견해에서도 나타난다. 그들 중 특별히 재능이 있는 자는 과감하게 등용하도록 요구했지만, 가정에서의 적서嫡庶 차별은 엄격하게 준수되어야 한다고 보았다. 그러나 서자들에게 부형을 '아버지', '형'으로 부르지 못하게 하는 것은 인륜에 어긋난다고 본 점에서 그의 개혁적인 합리성은 여전히 유지되고 있는 셈이다.

국가 재정과 농업에 대한 견해

유수원은 과세의 합리화와 국가 수입의 증대를 위한 방안에도 관심을 가졌다. 토질의 차이에 따른 농세의 차등, 농지를 소유하고 있지만 경작을 하지 않는 경우에도 세금 부과를 주장한 것

등이 그 예이다. 빈부의 차이에 따라 부자에게 세금을 많이 부과하는 일종의 누진세를 주장한 것도 이에 속한다. 또한 병역, 공공업무에 동원되는 요역 등에도 같은 기준을 적용해 차등을 두자고 했다.

양반에게 과세를 하자는 주장도 폈는데, 이는 국가 수입의 증대뿐 아니라 사회통합을 위한 의도도 있었던 것으로 생각한다. 「총론사민」에서 양반들에게 면세 혜택을 주었기 때문에 국가의 재정이 궁핍하다는 점과 그로 해서 양민들이 더욱 고통을 겪는다는 언급을 하고 있기 때문이다. 또한 유통되는 모든 상품을 기준에 따라 가격을 책정하고 과세를 함으로써 재정을 풍부하게 해야 한다는 주장도 폈다. 그러나 상당히 번잡해질 이 일에 대한 구체적 시행방법의 거론이 없는 점은 아쉽다.

그는 임진왜란 이후 특히 농업에 대한 과세에서 종래 유지되어 오던 전분육등 연분구등田分六等年分九等(토질을 6등급으로 나누고, 풍흉년에 따라 수확의 기준을 9등급으로 나누는 제도)의 제도가 실시되지 않으면서, 오히려 세금이 무거워진 것을 비판했다. 실제와 부합되지 않는 과세의 문제점을 지적한 것이다.

더불어 재정의 효율화를 위해 행정기구들, 예컨대 공신들의 문제를 관리하는 충훈부忠勳府, 노비 문제를 다루는 장례원掌隷院, 대동법을 관리하는 선혜청宣惠廳 등의 간소화 내지 폐지를 주장했다. 별로 유용하지 않거나 업무가 중복하는 기구를 두어 국가경비를 낭비할 필요가 없다고 보았기 때문이다. 불요불급한 관리 수의 감축도 이런 관점에서 그는 제기했다. 즉 유수원은 비용이 적게 들면서도 능률적인 정부를 지향한 것이다.

상공업의 진흥을 주장했지만, 유수원은 역시 농업이 가장 비중이 높은 산업이라고 보았다. 그러나 당시의 많은 사람들이 농사를 짓지 않으려는 습속이 문제임을 지적하고 있다. 양반은 물론 그들 첩의 자손이나 중인을 가릴 것 없이 모두 농업에 종사하는 것을 부끄럽게 여기는 것은 문제라고 했다. 따라서 그는 영농에 대해 국가가 적극적인 역할을 해야 한다고 생각했다. 「총론사민」에서, 수재나 한재를 하늘에 맡긴 것이나, 영농의 근면 여부를 농민들 임의에 맡겨 놓았다고 한탄하는 듯한 기술을 하고 있는 것은 그 때문이다.

그는 수로, 제방 수축 및 농공업의 기구를 개량하고 그 제조에 힘쓸 것도 주장했다. 중국의 예를 들면서 양수揚水(지하에서 물을 퍼 올리는 것), 도수導水(물을 끌어들이는 것)에 요긴한 기계의 제작을 이야기한다. 가뭄과 같은 천재지변을 가만히 앉아서 한탄만 할 것이 아니라 이러한 노력을 통해 그것을 극복하고 나아가 농업의 생산성을 높이자는 취지다. 곡괭이, 쟁기 등의 농기구도 중국 것이 우리 것보다 낫다고 하여 이를 참작해 제작할 것도 주장한다. 그의 연보를 보면 중국에 다녀온 일은 없는 것 같은데도 이러한 말을 할 수 있는 것은 책과 전언을 통해 공부한 결과로 생각한다. 그만큼 농기구를 비롯한 당시의 영농 문제에 관심이 많았다고 볼 수 있다.

학교와 사법의 개선

학교에 관한 유수원의 견해는 「논학교」 및 「논학교보선지제」에 나타나 있다. 여기에서 그는 학교에서 선생 노릇을 하는 이른바 훈도訓導들을 학문보다 가난한 사람들의 호구지책을 위해 선발하는 폐습을 지적한다. 학문이 깊지 못한 자들이 선생이 되면서 지식 전달에 문제가 있고 그런 까닭에 학생들의 존경도 받을 수 없다고 본 것이다. 또 학교의 입학에 신분의 차별을 두어서는 안 된다는 주장도 했다. 공자도 3,000여 명의 제자를 길렀지만 신분에 차별을 두지는 않았으니 신분을 따지지 말고 능력과 열의가 있는 자는 모두 학생으로 받아들여 교육시켜야 한다는 게 그의 주장이다. 위로 국립의 성균관에서부터 지방의 향교는 물론 일반 서당이나 서원에 이르기까지 학교의 범주 안에 드는 곳에서는 이렇게 해야 한다고 본 것이다.

사법司法의 면에서 유수원은 법의 공정한 집행을 위해 죄인에게 사실 소명의 기회를 주고 증언의 청취 등 철저한 증거주의에 입각할 것을 주장했다. 아울러 법의 명문을 근거로만 범죄를 논란할 것을 주장함으로써 오늘날의 죄형법정주의와 일치하는 견해를 보이기도 한다. 「논대계직감율명지폐論臺啓直勘律名之弊」에서 제기하고 있는 그의 이러한 주장들은 왕을 간하는 사간원司諫院, 국민들의 풍속 등과 관련해 준사법적 기능을 담당하는 사헌부司憲府의 역할을 언급하면서 나온 말이다. 이들 기관에서 공정한 사법절차를 무시하는 문제점이 있기에 이를 비판한 것이다. 이 당시 주된 사법기관이었던 형조나 의금부義禁府에서는 당연히 혐의자들의 증언 청취나 증거주의가 채택되는 게 원칙이었다. 『경국대전』의 「형전刑典」이나 『대명률직해大明律直解』에서 죄형법정주의를 명시하고 있지만 사간원과 사헌부의 경우 업무의 성격상 법보다 도덕을 중시할 수 있는 기관이었으므로 (물론 경우에 따라 이들 기관도 사법적 기능을 할 수 있었다) 이러한 원칙들이 종종 무시되는 경우가 있었기 때문이다. 유수원의 주장은 그래서 나온 것이겠는데, 피의자의 인권 옹호를 강조한 것으로 그 의미를 평가할 수 있다.

유수원은 당시 널리 행해지던 유형流刑(귀양살이)의 과벌적 효과에 의문을 제기하고 노역형으로 대치할 것을 주장하기도 했다. 오늘날 일반화된 노역형을 이미 몇 백 년 앞서서 주장한 셈이다.

무실의 세태를 비판

국가와 사회의 여러 면에서 무실無實, 즉 실질이 없는 점도 유수원은 지적하고 있다. 특히 그는 인재와 지방관을 잘 뽑아야 한다면서도 배경이 없으면 좋은 자리에 오를 수 없는 점을 문제로 보았다. 사람들마다 '세상일은 배경만한 것이 없다[世間事 莫如形勢]'고 할 정도니 일이 제대로 될 리 없다고 본 것이다. 조정은 풍모, 글, 가문, 사람들의 평판에 의지하는 부조리한 기준을 버리고 능력과 실적에 따른 인사로 국민들의 신뢰를 얻어야 한다고 보았다.

그는 「논탄핵論彈劾」에서 정치를 하는 사람들이 실질적인 태도로 문제에 접근하는 게 아니라 그저 입이나 글을 가지고 분을 품은 채 상대를 욕하는 것은 해괴하고 가슴 아픈 일이라고 이야기한다. 차분하게 토론하며 실용적인 태도로 국가의 일에 임해야 하는데 그렇지 못하다는 것이다. 잦은 인사도 관직의 실질성을 저해하는 것이라고 보았다. 한 자리에 오래 있으면서 관련된 일을 잘 파악하고 경험을 쌓아서 일을 잘하도록 해야 하는데, 자주 바꾸니 실제상의 성과를 이루기가 어렵다는 게 그의 지적이다.

무실을 비판하는 그의 입장은 결국 실질, 실제의 일, 실용을 중시하는 것으로 볼 수 있다. 중국 물건을 좋아하면서도 생활필수품이 아닌 화장품 등 실생활에 별로 요긴하지 않은 것들을 좋아하는 습성을 비판하는 것도 그 때문이다.

유수원은 우리나라 사람들이 명분과 체면을 중시하고 일을 하는 데도 대강하려고만 할뿐 꼼꼼한 면이 부족하다는 지적도 한다. 그런 이유로 결국에는 처음 기대한 바의 성과를 거두지 못하는 경우가 많으니 이 역시 실속이 없는 무실의 행태라고 보았다. 이런 관점에서 그는 실질에 어긋나는 풍속은 고칠 것을 주장했다. 그러나 풍속의 개량은 하루아침에 이루어지는 것이 아니고, 국가가 나선다고 쉽게 되는 것도 아니다. 그런 면에서 그가 지적한 무실의 행태에 대한 개선책이 보이지 않는 게 다소 아쉽다.

자신의 성찰에 대한 아쉬움

위에서 언급한 내용 외에도 유수원은 토지의 불균등 분배 시정, 세금을 돈으로 내도록 하는 이른바 금납화金納化, 화전으로 인한 산림 파손이 농수의 이용에도 나쁜 영향을 주므로 이를 금할 것 등을 주장했다. 생각해보면 유수원만큼 자기가 살던 18세기의 조선을 낱낱이 해부하면서 자기의 주장을 편 사람은 많지 않은 듯하다. 그는 오랫동안 관료 생활을 해서인지 행정상의 세세한 문제까지 거론하고 있다. 「논호구격식論戶口格式」에서는 입호격식立戶格式이라고 하여 한 호구와 관련된 기재를 예를 들어 아주 소상하게 적어보이고 있다. 아들, 딸의 이름과 나이, 며느리, 노비, 전지 소유, 세금 납부 사항 등을 자세히 적도록 함으로써 바람직한 격식을 예시하고 있는 것이다.

그가 주장한 내용들을 보면 현대에서도 그대로 적용할 수 있는 내용의 비판들이 적지 않다. 언론, 재정, 교육, 사법, 인사 등에서 그는 오늘날에도 여전히 의미 있는 말을 하고 있는 셈이다. 그의 실학이 담겨 있는 유일한 저서인 『우서』는 그런 점에서 살아 있는 고전으로 취급되어도 무리가 아니다. 그것은 18세기의 조선과 21세기의 대한민국이 공통적으로 안고 있는 문제와 그 문제에 대한 나름의 해결책을 제시하고 있기 때문이다.

앞에서도 언급했듯이 그의 실학은 크게 볼 때 『주례』 등 유교의 고전과 중국의 문물을 모범으로 삼고 있다. 현실 개혁에서도 그 두 가지를 바탕으로 삼고 있다 해도 과언이 아니다. 그러나 유수원은 유교의 고전이나 중국의 문물에 대해 가치중립적인 태도를 보여주지 못한다. 조금 지나치게 말하면 중국의 것들을 마치 절대적인 것으로 인식하는 게 아닌가 하는 생각이 들 정도다. 물론 유수원은 자신의 이러한 인식에 대해 돌아보는 면이 별로 없어 보인다. 심지어 「논변통규제이해論變通規制利害」에서는 자신은 고대 중국 3대의 문물을 이상시하면서도 다른 지식인들이 3대의 일을 논하면 그들이 시대에 맞지 않게 정치를 하려는 것으로 비판까지 한다. 만년이 되면서 귀가 잘 들리지 않자 호를 스스로 '농암聾菴'이라고 한 유수원이 보이는 이러한 태도는 그의 비극적 종말과 관련해 생각해볼 수 있다.

그는 당시의 현실에 대해 자기주장이 강했지만 정작 남의 말을 듣고 자신을 되돌아보는 면은 부족한 듯했다. 더구나 영조 치하에서 그는 탄압받는 소론 강경파에 속하는 인물이었다. 그의 성격을 유추해볼 때 그는 현실의 세세한 문제까지 거론하며 자신의 울분을 삭였을 것이다. 그러한 그가 사람들과의 대화에서 격한 논조를 자주 폈으리라는 사실을 짐작하기란 어렵지 않다. 그가 말 때문에 역적으로 몰려 죽임을 당한 것에는 이러한 그의 성정性情과 태도들도 크게 작용했을 것이다.

또한 유수원은 실학적 사고, 즉 유교의 고전과 중국 문물에 대한 자신의 절대에 가까운 존중에 앞서 그것들에 대한 비판이 있어야 했지만 그렇게 하지 않았다. 『주례』가 절대적일 수 없다는 것, 중국의 문물이 선진적이지만 반드시 좋은 것만은 아니라는 인식을 그는 갖지 않은 것이다. 눈앞에 보이는 조선의 현실에 대하여는 날카롭게 비판을 하면서도 그 바탕이 되는 자신의 사상적 입지에 대한 성찰은 부족했다고밖에 볼 수 없다.

이러한 점은 오늘의 우리들에게서도 발견할 수 있다. 국가와 사회의 문제를 거론하면서 흔히 '선진국은 이렇게 (해결)하고 있다'라는 말을 한다. 하지만 선진국들의 해결 방식이 과연 최상인지, 또 우리 실정에 그대로 맞는 것인지는 거론하지 않는 경우가 많다. 유수원에게서 아쉬웠던 비판적 안목을 우리는 찾을 수 있어야 한다.

9장

인간 본성의
선천성을 부인한
'경험주의자'

최한기

방대한 저술, 다양한 관심 분야

1980년대 이후 실학자 최한기崔漢綺(1803~77)에 대한 학계의 관심과 연구가 부쩍 늘었다. 그의 철학, 사학은 물론 경제사상에도 관심을 가지는 움직임까지 나타나고 있는 등 같은 시대를 산 누구보다도 많은 조명을 받고 있다. 그렇기에 지금은 바야흐로 최한기의 전성시대가 아닌가 하는 생각까지 갖게 된다.

최한기가 세상에 본격적으로 알려지기 시작한 것은 나의 개인적 체험과도 무관하지 않다. 1963년의 어느 겨울, 나는 지금의 대학로에 있던 서울대학교 문리대 강당에서 한국사상연구회가 주최하는 한 강연회에 갔었다. 그리고 거기서 고 박종홍 박사가 강연하는 '최한기의 경험론'에 대해서 들을 수 있었다. 영국의 로크가 주장한 인식론과 비교하면서 설명한 내용이 지금껏 기억에 남아 있다. 최한기의 학문이 일부나마 대중들에게 소개된 것은 이때가 처음이 아니었을까 싶다. 최한기의 학문은 넓고 깊다. 그가 남긴 저서는 최남선이 탄복했을 정도로 엄청나게 많은 편이다. 1,000여 권에 이른다고 하는데 아직도 그 전모가 모두 밝혀진 게 아니라고 하니 놀랄 따름이다.

그의 아호는 혜강惠崗이고, 출생한 곳이자 돌아가 묻힌 곳도 개성이다. 그러나 대부분의 생애는 한양에서 보냈고, 양반이었지만 벼슬을 하지 않았고 개성 출신이었지만 '개성상인'과는 거리가 먼 저술가로 한 평생을 마쳤다. 그가 스물셋에 소과 합격으로 얻은 진사가 그의 유일한 사회적 지위라면 지위였다. 저술만을 하며 평생을 보낼 수 있었던 것은 그의 양아버지였던 최광현崔光鉉이 남겨준 경제력 덕분이었다고 한다.

그의 저술은 규모도 엄청나지만 분야도 광범했다. 분야는 지금 알려진 것만 해도 법률, 철학, 과학기술, 수학, 정치, 경제, 지리 등 굉장히 다양하다. 최한기의 비주류적인 면은 조선의 정통 학문이라고 할 수 있는 성리학과 다른 네 가지 점에서 찾을 수 있다. 그 네 가지란 '인식론에서의 차이', '욕망에 대한 견해', '공정 거래를 위한 입론', '주체적 자각성'으로 요약할 수 있다.

같은 19세기를 살았으면서 각기 그들이 처한 사상의 세계에서 비주류로 인정될 수 있었다는 점에서 마르크스와의 비교를 해보는 것도 의미가 있으리라고 본다. 기존 사상의 틀을 벗어나고 있으며, 새로운 미래를 구상하고 있었다는 점에서 최한기와 마르크스는 같고도 다른 점이 있었기 때문이다.

성리학과 다른 그의 인식론

성리학에서는 인간의 선천적인 도덕관념을 인정한다. 남을 동정하고, 의리를 생각하며, 예절을 지키고, 임금에 충성하며, 부모에 효도를 하는 등의 마음이 인간에게 갖추어져 있다고 본다. 그것은 배워서도 아니요, 경험을 통해 비로소 아는 것도 아니다. 인간이 태어나면서 갖추고 있는 도덕적 관념 때문이다. 『중용』에서 "하늘이 일러 명한 것을 본성"이라고 했는데 이때의 본성에는 물론 도덕적 관념도 포함되어 있다. 성리학은 바로 이런 점을 받아들이고 있는 것인데, 성리학에서 배척하는 양명학의 경우도 이 점에서는 다르지 않다. 양명학 역시 인간에게 선천적으로 도덕관념이 갖추어져 있다고 본다. 이들 학문에서는 도덕관념 외에 기쁨, 성냄, 슬픔, 두려움, 탐욕 등의 마음 작용도 인간 내면에 본래 있는 것이라고 본다. 그래서 인의예지의 네 가지 단서인 이른바 사단四端, 즉, 측은한 것을 알고, 수치스러워

하고 싫어할 줄 알며, 사양할 줄 알고, 시비를 가릴 줄 아는 것도 선천적 본성에 의한 것으로 본다. 인간의 마음속에 도덕과 사리분별의 지적 능력 및 감정까지 선천적으로 갖추어져 있다고 보는 것이다. 그러나 실제에서 예컨대 도덕적이지 못한 경우가 있는 것은 왜 그런가? 그것은 기질에 가려 본래의 마음을 제대로 드러낼 수 없기 때문이라는 식으로 설명을 한다.

하지만 최한기는 성리학에서의 인간 본성에 내재한 선천성을 부인한다. 도덕과 그 외의 어떤 사물에 대한 관념도 경험을 통한 지식의 소산이라는 게 그의 주장이다. 그는 『추측록推測錄』의 「지각재자득知覺在自得」에서 이렇게 말한다.

> 대저 사람이 어릴 때부터 비록 형체와 이목구비 등 구규九竅(아홉 가지의 구멍)의 통通을 갖추고 있더라도, 그 지각하는 바가 없다가, 그 경험하는 바를 따라서 지각이 있게 된다. 그러나 지각할 수 있는 것 또한 한량이 없어서 경험한 것은 능히 알되 경험하지 않은 것은 알지 못한다.

위 인용문에 이어지는 설명에 의하면 바늘이나 송곳에 찔릴까봐 무서워하는 것이나 종을 치면 소리가 날 것을 알 수 있음은 모두 경험에서 비롯한 것으로 이야기한다. 직접의 경험이나

타인을 통한 간접 경험이 없으면 도저히 알 수가 없다는 것이다. 최한기의 인식론에 대한 타당 여부의 판단이야 어떻든 전통 유학이나 성리학과는 다른 그의 인식론을 알 수 있다.

최한기는 우주 만물은 오직 '기'로 되어 있다고 보며, 위에서처럼 경험을 강조한다. 더불어 '기'와 경험은 상관관계에 있다고 본다. 그의 저서 『신기통神氣通』의 「기측체의 서氣測體義序」에서는 "천지와 인물의 태어남이 모두 기의 조화에 연유하는데, 후세의 경험을 거치면서 점차로 기가 밝아졌다"고 이야기한다. 이는 모든 사물에 대한 인식이 경험을 통해 밝아졌다는 뜻으로 풀이할 수 있다. 과학기술은 물론 인문·사회과학에 대한 우리들의 인식이 경험을 통해 더욱 높아졌다는 의미로 들리기도 한다. 개인의 경험뿐 아니라 만인의 경험을 통한 학문과 사회제도 등의 진화적 해석을 찾아볼 여지도 있다.

경험하지 못하고 지각한 바가 없다면 어떠한 인식도 있을 수 없다. 그러므로 경험 이전 우리들 마음의 본체는 깨끗하고 맑을 뿐이다. 여기에 보고 듣는 등의 경험이 거듭되고 습관이 이루어지며, 이를 토대로 아직 경험하지 않은 것까지 헤아리는 추측이 생겨서 더욱 인식을 잘하게 된다는 게 그의 논지이다.

최한기는 대부분의 성리학자들이 주장하는 '이'의 실재를 부인한다. '이'는 '기'의 작용에서 나타나는 움직임의 양상 내지 법칙을 들어 말하는 데에 지나지 않는다. 그의 '기'에 대한 철학적 인식은 여러 면에서 서경덕과 임성주任聖周(1711~88)의 것과 같은 데가 있는데, '이'에 대한 설명에서도 마찬가지다. 그러나 서경덕과 임성주, 그리고 다른 성리학자와 달리 그는 '기'를 말하되 그것을 음양으로 나누어 설명하지는 않는다.

'이'의 실재를 부인하는 만큼 만물의 '이'가 내 안에 갖추어져 있고, 그래서 모든 것의 인식이 가능하다는 식의 성리학적 견해(이황이나 이이의 인식론에서 대표적으로 볼 수 있다)는 그가 받아들일 수 없는 것이 된다. 인식이 가능하지만, 단지 기질에 가려 제대로 알지 못한다는 식의 주장도 물론 마찬가지다. 그가 성리학을 가리켜 '췌마학揣摩學'(자기 마음으로 헤아려 짐작과 합치되기를 기대하는 학문)이라고 혹평한 것도 무리가 아니다.

최한기는 천지사물의 운행 법칙을 유행지리流行之理라 하고, 이는 인간의 추측 능력인 추측지리推測之理를 통해 알게 된다고 한다. 그러므로 인간은 천지사물의 운행법칙을 단번에, 완전히 알 수 있는 것이 아니다. 추측지리를 통해 경험을 거듭하고 반복적으로 그 확실성을 탐구하는 노력을 통해 알 수 있을 뿐이다. 최한기의 인식론은 성리학의 인식론에 비해 인간의 불완전성을 인정하고 겸손하게 지식을 탐구하고자 하는 의미가 있어 보인다.

그가 생각하는 인간의 욕망

인간에게 욕망이 있다는 것은 성리학도 부정하지 않는다. 그러나 욕망에 대한 성리학자들의 입장은 긍정적이라고 할 수 없다. 성리학자들이 부정적으로 보는 면이 많은 칠정의 하나로 욕망을 들고 있는 것에서도 그 점을 알 수 있다. 이는 욕망을 주로 물질적인 면에서 이해하기 때문이었다. 군자로서의 완성된 인격을 추구하는 정신적 욕망은 극대화하되 의식주를 비롯한 물질면에서의 욕망은 최소화할 것을 성리학자들은 추구한다. 그들은 실제로는 비정상적인 방법으로 물질적 욕망을 추구한 경우(뇌물 수수, 고리대, 노비를 내세운 상업 행위 등)가 많았지만, 적어도 이념적으로는 그러한 노선을 부인하지 않았다.

고려시대를 비롯해 조선시대 거의 전 기간을 통해 상인을 천시한 것도 이와 관련된 면이 있다. 주요 산업인 농업을 육성해야 한다는 사회정책적 목표 외에 물질적 욕망에 예민할 수밖에 없는 상인들에게 그들은 경멸하는 태도를 보인 것이다. 그러나 최한기는 욕망에 대해 긍정적인 입장을 보였다. 그가 『인정人政』의 「제물욕除物欲」에서 하고 있는 다음의 말은 그러한 입장을 분명하게 보여준다.

물욕을 제거하기에 힘쓰는 것은, 물욕을 인정하면서 그 도리를 명확하게 탐구하느니만 못하다.

　어차피 물욕, 즉 물질적 욕망을 버릴 수 없는 한 그것을 부정적으로만 볼 일이 아닌 것이다. 그것을 긍정하고 어떻게 발휘할 것인가의 도리를 밝히며 실천해 가는 것이 바른 길이라는 말이다. 그는 『논어』의 「안연顔淵」 편에서 공자가 "자기를 이겨 예를 회복하는 것이 인이 된다[克己復禮爲仁]"고 한 말과 사물四勿의 가르침인, "예가 아니면 보지를 말고[非禮勿視], 듣지 말며[非禮勿聽], 말하지 말고[非禮勿言], 움직이지 말라[非禮勿動]"고 한 말도 이런 관점에서 풀이한다.

　자기를 이기라는 가르침의 정신은 비非와 물勿의 두 글자에 있지만, 그것은 후세처럼 사적인 욕망을 제거하라는 의미가 아니다.

　위의 문장 역시 『인정』의 「제물욕」에 나오는 말인데, 여기서 '사적인 욕망'이란 물론 개인의 물질적인 욕망을 가리킨다. 물욕 자체는 하등 잘못이 없으니 제거할 필요가 없다는 말이다. 이에 따라 공자가 말한 사물, 즉 해서는 안 될 네 가지[四勿]의 비非와 물勿도 무조건 개인적 욕망을 가지지 말라는 의미가 아니라고 보는 것이다. '예'에 합치되는 한 개인의 물질적인 욕망 추구가 금기시될 이유가 없다는 게 최한기의 생각이다. 욕망에 대한 종래의 여러 가르침들, 예컨대 불교에서 탐욕을 버리라고 한 것이나, 성리학에서 인욕人欲이라고 하여 부정적으로 본 입장과는 다름을 알 수 있다.

공맹의 유학이나 성리학 모두에서 욕망과 관련해 주목할 관념은 이익利과 의리[義]이다. 인간이 매사에 그 '다움'을 실현할 수 있는 것이 의리인데, 이익에 눈을 돌리다 보면 그것에 소홀하거나 배치되는 일을 하기가 쉽다. 그런데 이익을 추구하는 근원에 개인의 물질적 욕망이 작용하고 있다고 볼 때 자연 물욕이나 사욕에 대해 부정적인 입장이 될 가능성이 많았다. 따라서 경전에서는 의리와 이익의 합치를 주장하고 양자가 합일된 이익을 긍정했지만, 실제에서는 욕망을 바람직하지 않은 것으로 본 것도 그 때문이다. 그런 의미에서 최한기의 욕망 긍정을 그만의 독특한 입장을 천명한 것으로 볼 수는 없다. 최한기는 이익과 의리가 합치되는 차원에서 공맹 유학이 보여준 욕망 긍정의 입장을 확인한 것으로 볼 수 있다.

최한기의 욕망에 대한 견해는 19세기 초부터 후반까지 살았던 그의 생애와 관련된 점도 없지 않을 것이다. 그가 살았던 시기는 실학파의 개혁사상이 식자들 사이에 점차 확산되었으며 개항이 이루어진 시기이기도 하다. 또한 16세기 이후 활발해진

민간에서의 경제 활동이 더욱 활성화되면서 와해되는 신분체제에 비해 이윤 동기와 그 추구 양태가 적극화되기도 하였다. 점포주[廛人]들이 공업기술자[匠人]와 제휴해 '매뉴팩처(공장제 수공업)' 형태로 실을 생산하거나, 경강상인京江商人의 조선업造船業이 등장한 것도 이때였다. 보다 많은 영리를 위해 전보다 규모가 커진 상업 행태가 나타나고 있던 시기였다.

이러한 시대에 농업 위주 사회에서 가졌던 욕망관을 그대로 유지할 수 없음은 자명하다. 누군가 사상적 입장에서 욕망을 긍정적으로 주장하고 나설 필요가 있던 시기에 마침 최한기가 그 역할을 한 것이다.

공정거래를 위한 입론

인간 생활에서 시장의 기원은 아주 오래되었다고 볼 수 있다. 경제적 필요에 따라 인류는 물물 내지 상품과 화폐를 교환하는 식으로 시장을 생활의 한 부분으로 삼았다. 물론 그렇게 형성된 시장에는 언제나 오늘날의 불공정 거래에 해당되는 행위들이 없었다고 하기는 어려울 것이다.

조선시대에도 이는 예외가 아니었다. 그래서 『대명률직해』「호율戶律」에는 처벌 대상이 되는 불공정 거래 행위를 적시하고 있다. 법으로 정한 도량형기 외의 것으로 무게를 속인 자, 강압에 의한 매매, 매점매석 등을 처벌의 대상으로 규정한 것이다. 학문적 입장에서 불공정 거래에 대한 관심은 조선 후기에 들어 상공업에 대한 긍정적 인식을 촉구한 실학파에서 주로 보인다. 이덕무가 상품 가격의 속임을 방지하기 위해 '정찰제'를 주장한 것 역시 그 한 예로 볼 수 있겠지만 내용이 너무 소략하다.

이에 비하면 최한기는 체계적으로 공정거래를 위한 입론을 제시하고 있어 주목을 끈다. 앞에서 보았듯이 그는 개인의 물질적 욕망을 긍정하는 입장이었던 만큼 상업 역시 긍정적으로 보았다. 그는 『인정』의 「상商」에서, 상인을 가리켜 물건을 유통시킴으로써 우리 인간 생활에 보탬을 주는 존재라고 보았다. 물론 상인들은 그렇게 해서 나름의 이익을 얻는 것인데, 이를 천시하는 것은 잘못이라고 지적했다. 문제는 그들이 불공정한 상거래로 소비자들에게 손해를 주는 일이다. 그래서 그는 「상」에서 "단지 그 미운 것은 아무 쓸모없는 물건으로 사람을 속이고, 불의한 일로써 사람을 해치는 점이다"라고 언급하는 것을 잊지 않았다.

오늘날에도 여전히 볼 수 있는 상거래에서의 불공정 행위는 마땅히 근절되어야 한다는 것이 최한기의 입장이다. 그보다 앞서 산 유수원의 경우 국가에 의한 통제를 그 대안으로 주장했지만, 최한기의 경우는 이와 다르다. 그는 우선 상인들의 각성을 촉구했다. 『인정』의 「공상통운화工商通運化」에서 그는 상인들에게 백성들의 잉여물을 독점하지 말라고 한다. 독점에서 오는 자기만의 부당한 이익을 추구해서는 안 된다는 의미이다. 그는 상업을 나와 타인이 모두 이익을 누리는 인아구익人我俱益이 될 수 있어야 함을 주장한다. 같은 책의 「인아구익」에서 하는 말을 들어보자.

> 만약 타인과 나의 가운데에서 운화運化의 신공神功을 얻어 이로써 사업을 하면 나에게 성취되는 일이 반드시 타인의 일에도 도움이 있을 것이요, 타인을 위하여 성취한 일이 또한 나의 일에도 도움이 있어, 타인과 나 모두가 그 이익됨을 얻으니 …… 단지 자기의 일만 알고 타인의 일을 돌아보지 않는다면 일을 성취할 수가 없다.

여기서 운화라는 말은 그가 자주 쓰는 용어인데, 운동(운행, 운영) 내지 변화를 의미한다. 그러니까 나와 타인 모두에게 이익이 되는 방향으로 상업을 운영하는 것이 곧 이익을 보는 최상의 길이니 그것을 따르라는 말이다. 이기적인 생각으로 나만의 이익을 취하려고 한다면 상대방의 신뢰를 잃게 되고 결국 성공한 상인이 될 수 없다고 깨우쳐주는 것이다. 이 같은 설득의 입장에서는 속임수, 강제 매매 등의 불공정 거래 행위는 업무상의 자살 행위로 취급될 수밖에 없다고 보아야 한다.

다음으로 그가 권하는 방법은 수요공급의 경제법칙을 잘 알아서 상업을 운영하라는 것이다. 역시 『인정』의 「불여인쟁不與人爭」에서 그는 다음과 같이 말한다.

> 대저 유능한 상인은 물건의 매매가격을 가지고 다투지 않는다. 오직 때의 변화를 기다려서 가격이 떨어졌을 때 사니 (후에) 가격이 비싸졌더라도 (내가 산 물건 값은) 싼 것이다. (이후) 가격이 비싸게 오를 때를 기다려 팔면 (후에) 가격이 비록 싸지더라도 (내가 이익을 취한 물건 값은) 비싼 것이다.

거시적인 안목에서 물가의 변동 상황을 살피며 상업을 운영하라는 의미로, 가격의 변동을 기다려 매매 시점을 잘 포착하면 불공정 거래 행위로 남과 다투지 않으면서도 높은 이익을 볼 수 있다는 견해다.

불공정 거래의 근절을 위하여 최한기가 제시하는 또 하나의 방법은 윤리의식의 함양이다. 그는 『인정』의 「교식선후敎食先後」에서 식食의 생산으로 대표되는 경제와 윤리의식의 함양에 필요한 교육을 말하면서 후자의 중요성을 강조한다. 먼저 교육을 통해 윤리의식을 함양한 후 먹는 것의 생산에 임하도록 해야한다는 것인데, "도리를 편안케 해야 백성의 뜻이 한결같아서 풍속을 안정시킬 수 있다"고 보기 때문이다.

이에 비추어보면 불공정 거래의 근절을 위해서도 윤리의식을 함양하는 교육이 필요하게 된다. 사물에 대한 인식이 후천적 경험에 의해 이루어진다고 보는 것이 최한기의 입장이다. 그렇다면 이 경우의 윤리의식 교육도 결국은 긍정적인 경험을 주입시키는 차원에서 이루어져야만 한다. 이론적인 교육보다는 실제의 시장 경험을 통한 교육이 강구될 수 있지 않을까 싶다. 최한기는 경영론에서도 관심을 가질 만한 소론을 내놓은 셈이다.

주체적 자각성

오랫동안 성리학자들에게 주공이나 공자는 성역에 있는 존재였다. 그들에 관해서 비평하고 왈가왈부하는 것은 하나의 금기였다. 주자의 성리학에 비판적이었던 박세당도 이 점에서는 예외가 아니었다. 그런데 최한기는 주공이나 공자에 대하여도 반대의 입장에 설 수 있음을 공공연히 드러내고 있다. 그는 「기측체의 서」에서 주공과 공자를 배우는 사람들이 오직 두 성인의 가르침을 그대로 따르려고 하는 것의 맹점을 지적한다. 나라의 풍속이 다르고, 시대가 다른 데도 그들 두 사람이 남긴 가르침을 그대로 따르며 변통할 줄 모른다면 이는 올바른 태도가 아니라고 했다. 주공과 공자의 학문은 그 실리를 따르고, 그 지혜를 넓혀서 태평한 시대를 이루는 데에 본래의 목적이 있다고 보는 것이다. 그러므로 그는 다음과 같은 말도 서슴지 않는다.

> 만약 주공과 공자가 가르친 도리라도 (실제에서) 도움이 되는 바가 없다면 비록 교묘한 말과 좋은 글이라도 취하여 써서는 안 된다.

누가 보나 당연한 말이고 얼마든지 할 수 있는 말이다. 그러나 이 당연한 이치를 성리학자들은 드러내고 말하지 못했다. 주공이나 공자에 대하여 이러쿵저러쿵 하는 것은 감히 상상도 할 수 없는 일로 여기며 살아온 것이다. 임진왜란 이후 조선에서 성리학을 받아들인 일본은 18세기 내지 19세기 초에 들어 이미 미우라 바이엔[三浦梅園](1723~89)과 야마가타 반토[山片蟠桃](1748~1821) 등에 의해 주체적인 사상관을 보이고 있다. 미우라는 "공자 등의 성인도 자신의 학문적 토론 상대에 지나지 않는다"고 하여 주체적 입장에서의 학문 연구를 강조했다. 또 야마가타는 공자 등 성인의 말이나 『중용』 등과 같은 유교 경전에 나오는 말도 그대로 믿을 필요가 없다고 했으며, 더불어 그 내용이 옳지 않으면 받아들여서는 안 된다고 설파했다. 성리학의 본고장인 중국에서는 이보다 훨씬 앞서 이지李贄(호는 탁오卓吾, 1527~1602)가 『논어』 등 유교 고전의 절대성에 반론을 제기했다. 또한 공자의 도덕적 판단이 현실에 그대로 적용될 수 없다고 주장한 그는 유학을 탄압한 진시황을 위대한 인물로 평가할 정도였다.

그러나 조선에서는 19세기의 최한기에 의해서 비로소 그와 같은 모습이 보인다. 이는 서양 문물이 유입되는 것과 함께 중국 중심의 세계관을 탈피하면서 주체적 자각성을 가지게 되었기 때문이라고 보아야 한다. 이러한 태도는 중국 중심의 사고에서 벗어난 홍대용의 이른바 '역외춘추론'에서도 보이지만 최한기의 그것은 물론 홍대용의 그것보다 더욱 적극적이고 강도가 높은 것이다.

최한기는 『신기통』과 『추측록』을 하나로 묶어 『기측체의氣測體義』라는 이름으로 중국에서 출간하기도 했다. 북경의 서점가인 유리창에서 간행된 이 책은 지식의 수입국이던 조선이 유학에 대한 체계적인 생각을 담아 다시 중국에 수출했다는 의미에서 기억될 만하다.

氣測體義序

周公孔子所以爲百世師者不在於
周公孔子之尊號又不在於容儀神
彩況復在於居處動作衣服宮室及
所過之時乎實在於立綱明倫修身
治國之道炳的乎古今今損益乎質文
明其道正其禮以詔後世導守天人

『기측체의』 | 최한기의 『신기통』과 『추측록』을 하나로 묶어 중국에서 출간한 책이다.

최한기와 마르크스

최한기를 마르크스와 비교하는 것은 양자가 모두 그들이 속한 사상의 세계에서 비주류로 인정될 수 있다는 점에서 일단 논의의 적실성이 있어 보인다. 또한 양자의 비교를 통해 최한기가 추구한 사상적 목표가 무엇인가를 더욱 선명하게 드러낼 수 있다는 점에서도 의미가 있다.

두 사람은 모두 19세기를 산 인물들이고 사상의 면에서도 공통되는 점이 있다. 최한기는 기철학, 마르크스는 유물론을 신봉했는데 '기'와 유물론이 모두 물질을 중심으로 삼는다는 점에서 같다고 보아야 한다. 우주의 만물이 '기'로 되어 있다는 최한기의 생각은 곧 유물론에 다름 아니고, 마르크스의 유물론 역시 동양적 표현을 하자면 기철학 외의 다른 것이라고 할 수 없다. 최한기를 유물론자로 보는 북한의 철학서는 그래서 타당성이 있다. 그리고 기철학을 내세우는 최한기가 정통의 성리학에서 비주류일 수밖에 없듯이 유물론을 신봉한 마르크스 역시 비유물론적인 철학적 사고가 지배한 서양의 철학사조에서 비주류를 면할 수 없다.

최한기가 고향인 개성을 떠나 한양에서 살았듯이 마르크스도 고국인 독일을 떠나 영국에서 살다가 생을 마쳤다. 지독한 독서광이었다는 점에서도 둘은 일치한다. 마르크스는 어느 소녀들과의 대화에서 '책벌레'가 되기를 원한다 했고, 최한기는 거금을 들이더라도 자기가 원하는 책들, 예컨대 중국에서 수입된 『해국도지海國圖志』, 『영환지략瀛環之略』 등을 살 정도로 책에 미친 사람이었다.

비주류로서 그들이 추구한 학문적 목표는 무엇이었을까? 마르크스는 최한기보다 선진 사회의 인물로 19세기의 조선에 이른바 서세동점西勢東漸의 기세를 올리며 다가오던 서구 문명의 중심권에 있었다. 그의 목표는 세계를 근본적으로 개혁하는 것이었다. 그가 개혁하려는 대상은 자신의 고국인 독일에 국한한 것이 아니었다. 그가 보기에 바야흐로 난숙해지는 자본주의를 대체하는 사회주의– 공산주의로의 이행을 통해 세계 전체를 바꾸고자 했다. 독일의 관념철학(특히 헤겔철학), 영국의 고전경제학(특히 리카도의 노동가치설), 그리고 프랑스의 사회주의 사상이 그의 사상에서 기초가 되었다.

최한기는 이와 다르다. 그는 19세기의 서유럽에 비해 기술적으로 낙후된 사회에 속하는 조선의 사람이었다. 밀려오는 서구의 문물 앞에서 자기를 방어하고 새로운 자기 사회의 정립에 급급할 수밖에 없는 입장이었다. 마르크스가 비판한 서구의 상황, 그리고 그의 사상적 목표는 최한기가 알기도 어려웠겠지만, 알았더라도 납득하는 게 쉽지 않았을 것이다. 『추측록』의 「동서취사東西取捨」에서 언급하고 있듯이 우리보다 나은 서양의 법제, 기구 등을 우선 받아들이고 배우는 실용적 태도가 그에게는 중요했다. 그에게 가장 큰 관심의 대상은 기울어지는 19세기의 조선을 개혁하는 일뿐이었다. 한 나라를 넘어선 세계적 차원의 관심사가 그에게 없었던 것은 아니었지만, 나라의 개혁보다 그것은 앞서는 과제일 수가 없었다.

최한기나 마르크스 모두 인간의 후천적 학습을 존중하는 면이 있다. 최한기는 경험을 통한 인간의 사물 인식을 중요시하며 바람직한 인간 형성을 위해 교육을 강조했다. 그리고 마르크스는 인간 의식의 피구속성에 따라 제도를 고침으로써 인간의 도덕적 고양이 가능하다고 보았다. 어느 쪽에서나 그들이 주장하는 방법에 따라 학습이 이루어지면 긍정적인 사회가 도래할 수 있다고 본 셈이다.

마르크스가 추구한 사회주의 내지 공산주의 사회 건설은 오늘날 실패로 귀결이 나 있다. 그는 이상적 목표를 내세웠지만, 인간의 무지나 그 내면에 있는 사악성(이기심이나 폭력성 등)이 방해가 될 수 있다는 점을 미처 깨닫지 못했다. 이론이라는 물건이 아무리 좋아도 그것을 현실로 가지고 가는 운반수단의 역할을 하는 인간의 능력이나 도덕성에 문제가 있다면 제대로 실현될 리가 없다.

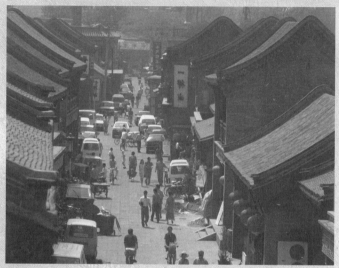

북경의 유리창 거리 | 원나라와 명나라 이후 유리공장이 건설되어 지금의 지명인 유리창 거리로 불린다. 청나라가 건국하면서 이 일대는 고서적, 글씨, 그림 등을 판매하는 특색 있는 지역이 되어 상인, 관리, 학자, 서생 등이 자주 찾는 곳으로 명성이 높았다.

최한기의 경우는 동양 전래의 인의예지, 효도 등 인간의 도덕
성을 매우 존중하고 있다. 마르크스처럼 세계적 개혁을 추구했
더라도 이런 점을 소홀히 했을 것 같지는 않다. 물론 최한기는
자본주의에 대하여 잘 알고 있었다고 보기 어렵다. 그러나 불공
정 거래의 근절을 위해 그가 내놓은 주장들은 19세기보다 훨씬
성숙한 오늘날의 자본주의에서도 경청할 점이 있는 것이 사실
이다.

최한기의 삶으로 생각하는 민주주의

삶을 어떻게 엮어서 가느냐 하는 것은 누구에게나 만만치 않은
과제다. 그 과제에 답하는 삶의 목표로 사람들은 대개 두 가지
를 생각하는 경우가 많다. 의식주에 쪼들리지 않는 경제 상태와
보람 있는 일을 그들은 희구한다. 이러한 관점에서 본다면 최한
기는 양아버지의 부로 평생 동안 의식주 걱정 없이 살았고, 자
기가 보람으로 삼는 방대한 저술도 할 수 있었으니 두 가지 모
두를 이룬 셈이다.

너무 비싼 책들을 구입하는 바람에 만년에는 경제사정이 전
만 못했다는 설도 있지만, 그래도 마르크스처럼 고생을 한 것
같지는 않다. 마르크스도 최한기처럼 선대의 부를 물려받았지

만, 모두 없애고 결국은 런던의 빈민가에서 셋방살이를 하다가 생을 마쳤다. 이상과 뜻은 좋았지만, 자신의 사상과 마찬가지로 생활인으로서도 실패한 셈이다.

그러나 최한기는 자신의 사상에만 몰두한 나머지 마르크스처럼 집안 경제를 어렵게 한 일이 없었고, 주어진 부에 안주해서 생활에서의 건전성을 해치지도 않았다. 일상과 비일상의 생활 모두에서 그는 대체로 만족감을 느끼며 살았을 것이다. 우리 나이로 일흔다섯까지 살았으니 당시로서는 상당한 장수도 누린 셈이다. 하지만 그의 사상의 독창성이 없었다면 '최한기'라는 이름 석 자가 오늘날 야단스럽게 학자들의 입에 오르내리지는 않았을 것이다. 위에서 보았듯이 그는 성리학자들의 학설이나 사고 방식과 다른 자신의 독창성을 보여주었다. 특히 오늘날 우리 사회가 자주 외치는 '실용을 강조'한 점을 생각할 수 있다. 그에게서 우리가 가장 긴요하게 받아들여야 할 게 있다면 바로 이 독창성과 실용의 정신이다.

최한기의 그런 생각으로 우리 국가와 사회를 보면 기존의 사고를 탈피할 것들이 한두 가지가 아닐 것이다. 그중에서도 우선적으로 생각할 수 있는 것은 민주주의를 생활하는 우리들의 태도다. 민주주의를 외치면서 비민주적인 행태를 도처에서 드러낸다. 자신들의 생각과 맞지 않으면 떼를 쓰거나 폭력을 일삼고 그것을 옹호하기 일쑤이다. 국회에서도 민주주의의 원리 중 하나인 다수결에 의한 의사 결정이 무시되는 것이 다반사다. 이런 상태에서 언제까지나 허울뿐인 민주주의가 그대로 허용되어야 하는지 안타까울 뿐이다.

최한기는 경험을 통해 인간이 진화된 사유의 획득이 가능하다고 보았다. 그러나 우리의 민주주의를 보면 꼭 그렇지만도 않은 것 같다. 조선시대의 당쟁, 즉 명분으로 포장된 실리 싸움의 그 비합리적 맹목성이 하나의 유전자처럼 우리를 여전히 지배하고 있는 것만 같다. 민주주의를 그답게 하기 위한 강성의 조치가 언제까지나 배제될 이유는 없다고 본다. 합리성의 유전자를 새로 만들기 위해 최한기가 강조하는 경험을 의식적으로 창출하는 노력이 있어야 한다고 생각한다.

참고문헌

1장 공명과 지조 사이에서 고뇌한 '광인' _ 김시습

1) 도서

일연, 이민수 옮김, 『삼국유사』, 을유문화사, 1979.

권오돈 외 편, 『국역 매월당집』, 세종대왕기념사업회, 1977.

성균관대학교대동문화연구원 편, 『매월당전집』, 성균관대학교출판부,
    1989.

이경진 엮음, 『매월당 김시습 시선』, 평민사, 1986.

이종호, 『매월당 김시습』, 일지사, 1999.

F. W. 니체, 박준택 옮김, 『차라투스트라는 이렇게 말하였다』, 박영사,
    1959.

2) 논문

민경국, 「경제이론사적 시각에서 본 정치경제학 개념 분석」, 『현대사회』,
    1989 가을 · 겨울호.

2장 자연에 자신의 삶을 맡긴 '비범한 보통인' _ 서경덕

1) 도서

서경덕 · 박세당, 김경탁 옮김, 『국역 화담집 · 신주도덕경(부 영인원문)』,

        고려대학교민족문화연구소, 1971.

편집부, 『경서(대학, 논어, 맹자, 중용)』, 성균관대학교대동문화연구원,
        1979.

이종호, 『화담 서경덕』(개정 4쇄), 일지사, 2006.

2) 논문

윤근호, 「사개치부의 서점 가능성」, 『경북대논문집』 제37집, 1984.

3장 반주자학의 길을 간 '타고난 반항아' _ 박세당

1) 도서

사마천, 『사기』.

박세당, 『사변록』, 민족문화추진회, 1968.

_____, 『색경』(국역), 농촌진흥청, 2001.

_____, 『서계전서』, 태학사, 1979.

_____, 『서계집』(한국문집총간 134), 민족문화추진회, 1994.

서경덕 · 박세당, 김경탁 옮김, 『국역 화담집 · 신주도덕경(부 영인원문)』,
        고려대학교민족문화연구소, 1971.

남구만, 『약천집』 II(한국문집총간 132), 민족문화추진회, 1994.

박태보, 『정제집』(한국문집총간 168), 민족문화추진회, 1996.

백상건, 『정치사상사』, 일조각, 1969.

이종호, 『우암 송시열』, 일지사, 2000.

조민환, 『유학자들이 보는 노장철학』, 1996.

F. 설로웨이, 정병선 옮김, 『타고난 반항아』, 사이언스북스, 2008.

J. 로크, J.S 밀, 이극찬 옮김, 『통치론 · 자유론』, 삼성출판사, 1983.

2) 논문

권오영, 「박세당의 삶과 그 사상의 신의」, 『서계박세당연구』, 집문당, 2006.

김용걸, 「서계 박세당」, 『한국인물유학사』 3, 한길사, 1996.

김학목, 「박세당의 『신주도덕경』 연구」, 건국대학교대학원(박사논문), 1998.

남상호, 「박세당의 『남화경주해산보』 연구」, 성균관대학교유학대학원(석사논문), 2001.

박병련, 「박세당 '허문' 비판의 정치사상적 의미와 정치적 행동의 특성」, 『서계 박세당 연구』, 집문당, 2006.

윤사순, 「서계 유학의 철학적 특성」, 『서계 박세당 연구』, 집문당, 2006.

정순우, 「서계 박세당 공부론의 양명학적 성격」, 『서계 박세당 연구』, 집문당, 2006.

4장 용기와 확신으로 가득 찬 '행복한 이단자' _ 정제두

1) 도서

정제두, 『하곡서』(고서 총 10권), 국립중앙도서관 소장.

_____, 『하곡집』(한국문집총간 160), 민족문화추진회, 1995.

박세채, 『남계집』(한국문집총간 139, 140), 민족문화추진회, 1994.

윤증, 『명제유고』(한국문집총간 136), 민족문화추진회, 1994.

이수광, 남만성 옮김, 『지봉유설』 상, 을유문화사, 1976.

정인보, 『양명학 연론(외)』, 삼성문화재단출판부, 1975.

최석정, 『명곡집』(한국문집총간 154), 민족문화추진회, 1995.

안길환 역주, 『전습록』, 명문당, 1998.

정차근 역주, 『전습록』, 평민사, 2000.

김교빈, 『양명학자 정제두의 철학사상』, 한길사, 1995.

김교빈 편, 『한국의 사상가 10인-하곡 정제두』, 예문서원, 2005.

김길락, 『한국의 상산학과 양명학』, 청계출판사, 2004.

김홍호, 『양명학 공부』 1, 2, 솔, 1999.

_____, 『양명학 공부』 3, 솔, 2000.

박연수, 『양명학의 이해』, 집문당, 1999.

_____, 『하곡 정제두의 사상』, 한국학술정보(주), 2007.

배종호, 『한국유학사』, 연세대출판부, 1978.

송재운, 『양명철학의 연구』, 사사연, 1992.

양국영, 김형찬 외 옮김, 『양명학』, 예문서원, 1994.

우인수, 『조선후기 산림세역 연구』, 일조각, 1999.

유명종, 『한국철학사』, 일신사, 1979.

유봉학, 『조선후기 학계와 지식인』, 신구문화사, 1998.

윤남한, 『조선시대의 양명학연구』, 집문당, 1982.

이종호, 『우암 송시열』, 일지사, 2000.

정양완 · 심경호, 『강화학파의 문학과 사상』 1, 2, 3, 1993, 1995, 1995.

채인후, 황갑연 옮김, 『왕양명철학』, 서광사, 1996.

최재목, 『동아시아의 양명학』, 예문서원, 1996.

_____, 『양명학과 공생 · 동심 · 교육의 이념』, 영남대학교출판부, 1999.

한국철학회 편, 『한국철학연구』 하, 동명사, 1978.

현상윤, 『조선유학사』, 민중서관, 1978.

뚜 웨이밍, 권미숙 옮김, 『한 젊은 유학자의 초상』, 통나무, 1994.

요시다 코에이, 정지욱 옮김, 『일본 양명학』, 청계, 2004

전목, 『송명이학계술』, 대만학생서국, 1977.

2) 논문

김교빈, 「하곡 정제두」, 『한국인물유학사』 3, 한길사, 1996.

김길락, 「명제사상의 육왕학적 특징」, 『명제 윤증』, 청계, 2001.

박영안, 「하곡 정제두의 경세론」, 『연세학림』 제10집, 연세대학교, 1988.

박홍식, 「양명 왕수인의 양지설과 하곡 정제두의 생리설 비교연구」, 『유
　　　교사상연구』 제4 · 5합집, 유교학회, 1992.

송전홍, 「조선조 양명학의 특질과 그 논리구조」, 『한국학보』 제25집, 일
　　　지사, 1981.

유명종, 「하곡 정제두의 조선 양명학파 수립」, 『한국철학연구』 제9집, 해
　　동철학, 1979.

5장 시대의 모순을 이야기한 '시골 서생'_ 이익

1) 도서

『숙종실록』. 『영조실록』.

이익, 『성호전서』, 여강출판사, 1984.

_____, 『성호전집』(한국문집총간 198, 199), 민족문화추진회, 1997.

_____, 『성호사설』, 경인문화사, 1970.

_____, 정해렴 편역, 『성호사설정선』 상·중·하, 현대실학사, 1998.

_____, 최석기 옮김, 『성호사설』, 한길사, 1999.

_____, 김남형 옮김, 『성호 이익 시선』, 예문서원, 2004.

정약용, 민족문화추진회 편역, 『다산 정약용이 유배지에서 보낸 편지와
　　교훈』, 문장, 2006.

안정복, 『순암집』(한국문집총간 229, 230), 민족문화추진회, 1999.

채제공, 『번암집』(한국문집총간 236), 민족문화추진회, 1999.

강경원, 『이익』, 성균관대학교출판부, 2002.

김용걸, 『이익사상의 구조와 사회 개혁론』, 서울대학교출판부, 2004.

신병주, 『조선 중·후기 지성사 연구』, 새문사, 2007.

안휘준 외, 『한국의 미술가』, 사회평론, 2006.

원재린, 『조선후기 성호학파의 학풍 연구』, 혜안, 2003.

유명종, 『한국철학사』, 일신사, 1979.

이종호, 『조선시대의 경제사상』, 민속원, 1993.

에드먼드 윌슨, 강봉식 옮김, 『근대혁명사상사』, 을유문화사, 1962.

토머스 키다, 박윤정 옮김, 『생각의 오류』, 열음사, 2007.

Frieldander, Eli, *J · J. Rousseau; An Afterlife of Words*, Harvard
        Univ. Press, 2004.

2) 논문

이광수, 「조선조 후기 상거래 질서와 사식에 관한 연구」, 한국학중앙연구
        원(박사논문), 1984.

정석종, 「이익의 성호사설」, 『실학연구입문』, 일조각, 1983.

6장 세계로 향한 창을 연 '과학사상가' _ 홍대용

1) 도서

홍대용, 『담헌서』(한국문집총간 248), 민족문화추진회, 2000.

_____, 조일문 옮김, 『임하경륜 · 의산문답』, 건국대학교출판부, 1975.

_____, 김태준 · 박성순 옮김, 『산해관 잠긴 문을 한 손으로 밀치도다』,
        돌베개, 2001.

이이, 『율곡전서』 상 · 하, 율곡사상연구원, 1978.

황윤석, 『이재유고』(한국문집총간 246), 민족문화추진회, 2000.

김문용, 『홍대용의 실학과 18세기 북학사상』, 예문서원, 2005.

김인규, 『홍대용』, 성균관대학교출판부, 2008.

김태준 외, 『연행의 사회사』, 경기문화재단, 1999.

백상건, 『정치사상사』, 일조각, 1969.

전상운, 『세종시대의 과학』, 세종대왕기념사업회, 1986.

정성희, 『조선시대 우주관과 역법의 이해』, 지식산업사, 2005.

주칠성, 『실학파의 철학사상』, 예문서원, 1996.

오가와 하루히사, 하우봉 옮김, 『한국 실학과 일본』, 한울아카데미, 1995.

프레드 왓슨, 장헌영 옮김, 『망원경으로 떠나는 4백 년의 여행』, 사람과 책, 2007.

고려대학교박물관 편, 『고대박물관명품도록』, 그라픽네트, 2008.

2) 논문

김용덕, 「북학파 사상의 원류 연구」, 『연세실학강좌』, 혜안, 2003.

김태준, 「홍대용론」, 『조선 시대 한시 작가론』, 이회문화사, 1996.

박학래, 「홍대용의 실학적 인간관」, 『실학의 철학』, 예문서원, 1996.

박홍식, 「담헌 홍대용」, 『한국인물유학사』 4, 한길사, 1996.

임종태, 「지구, 상식, 중화주의」, 『한국실학사상연구』 4, 혜안, 2005.

3) 기타

숭실대 한국문예연구소 주최 국제학술대회 자료, 『조선조 사행록에 나타난 시대정신과 세계관」, 2008. 6.

7장 시대와 가족이 외면한 '한국 천주교의 선구자'_ 이벽

1) 도서

정약용, 『여유당전서』(한국문집총간 281, 282), 민족문화추진회, 2002.

금장태, 『정약용』, 성균관대학교출판부, 1999.

김옥희, 『한국천주교사상사』 1, 순교의맥, 1990.

김진영 외, 『조선 후기 소수자의 삶과 형상』, 보고사, 2007.

변기영 편, 『광암 이벽 성조 · 천진암 성지』, 한국천주교회창립사연구원, 2003.

윤민구, 『한국 천주교회의 기원』, 국학자료원, 2002.

최재건, 『조선 후기 서학의 수용과 발전』, 한들출판사, 2005.

홍이섭, 『한국사의 방법』, 탐구당, 1968.

마테오 리치, 송영배 외 옮김, 『천주실의』, 서울대학교출판부, 1999.

히라카와 스케히로, 노영희 옮김, 『마테오 리치』, 동아시아, 2002.

2) 논문

이갑조, 「이벽의 「천주공경가」와 「성교요지」 연구」, 영남대학교교육대학원(석사논문), 1994.

이경원, 「광암 이벽의 천주사상 연구」, 서강대학교신학대학원(석사논문), 2006.

3) 기타

숭실대학교 한국기독교 박물관 자료

8장 역사에서 사라진 '비운의 사상가' _ 유수원

1) 도서

유수원, 한영국 옮김, 『우서』 1 · 2, 민족문화문고간행회, 1985.

법제처 역주, 『경국대전』, 일지사, 1988.

법제처 편역, 『대명율직해』, 법제처, 1984.

이종호, 『정암 조광조』, 일지사, 1999.

2) 논문

김용섭, 「조선 후기 토지개혁론의 추이」, 『연세실학강좌』 IV, 혜안, 2003.

이광수, 「농암실학의 평가」, 『체제수호와 체제도전』, 이룸, 1989.

9장 인간 본성의 선천성을 부인한 '경험주의자' _ 최한기

1) 도서

최한기, 편집부 편, 『명남루전집』(전 3권), 여강출판사, 1985.

김용옥, 『혜강 최한기와 유교』, 통나무, 2004.

박종홍, 『한국의 사상적 방향』, 박영사, 1968.

서욱수, 『혜강 최한기의 세계인식』, 소강, 2005.

이종호, 『조선시대의 경제사상』, 민속원, 1993.

장대익, 『다윈의 식탁』, 김영사, 2009.

채석용, 『최한기의 사회철학』, 2008.

미노모토 료엔, 박규태·이용수 옮김, 『도쿠가와 시대의 철학사상』, 예문
　　서원, 2000.

2) 논문

금장태, 「기철학의 전통과 최한기의 철학적 특성」, 『혜강 최한기』, 예문
　　서원, 2005.

유봉학, 「19세기 경화사족의 생활과 사상」, 『최한기의 철학과 사상』, 철
　　학과현실사, 2000.

이광수, 「조선조 후기 상거래 질서와 사식에 관한 연구」, 한국학중앙연구
　　원(박사논문), 1994.

이돈녕, 「최한기의 「명남루집」」, 『실학연구입문』, 일조각, 1983.

틈새 한국사 001
나는 불온한 선비다

초판 1쇄 인쇄 2011년 4월 11일   초판 1쇄 발행 2011년 4월 15일

지은이 이종호   펴낸이 연준혁

기획 설완식

출판 4분사 편집장 이효선
편집 김남철 디자인 하은혜
제작 이재승 송현주

펴낸곳 (주)위즈덤하우스 출판등록 2000년 5월 23일 제13-1071호
주소 (410-380) 경기도 고양시 일산동구 장항동 846번지 센트럴플라자 6층
전화 031) 936-4000 팩스 031) 903-3891
전자우편 yedam1@wisdomhouse.co.kr 홈페이지 www.wisdomhouse.co.kr
출력 엔터 종이 화인페이퍼 인쇄·제본 영신사

값 9,000원 ⓒ이종호, 2011 사진 ⓒ권태균
ISBN 978-89-93119-27-5 04900
      978-89-93119-26-8(세트)

국립중앙 도서관 출판시도서목록(CIP)

나는 불온한 선비다 : 세상과 다른 꿈을 꾼 조선의 사상가들 / 이종호
지음. - 고양 : 위즈덤하우스, 2011
  p. ; cm - (틈새 한국사 ; 001)

참고문헌 수록
ISBN 978-89-93119-27-5 04900 : ₩9000
ISBN 978-89-93119-26-8(세트)

조선 시대[朝鮮時代]
사상가[思想家]

151.5-KDC5
181.119-DDC21   CIP2011001410